ちくま新書

# 「野性」の哲学

## ——生きぬく力を取り戻す

町田宗鳳
Machida Soho



303

「野性」の哲学【目次】

町田宗鳳

2003.12.10

# はじめに

「野性を取り戻す」

　それが本書のテーマである。だからといって、知性も理性もいらない、みんなでもっと自由奔放に本能にまかせた生き方をしようと言っているわけではない。あるいは、『森の生活』を書いたヘンリー・ソローのように自然主義者になり、都会を離れて一人静かに山中で隠遁生活をはじめようと言っているわけでもない。そのような現実離れしたことを主張したところで、誰も実行できるものではない。

　私が言いたいのは、自分を社会常識という檻の中に閉じこめずに、自分の心と体に元々そなわっている根源的生命力をできるだけ大切にしながら、より創造的な生き方を模索しようという、ただそれだけのことである。そのように考えるのは、日本人は長い歴史を通じて、多くの美徳を養ってきたにもかかわらず、必要以上に世間体を気にし、自我の健全な成長を抑圧しているところが多分にあるからだ。

　いまやグローバリズムの波が怒濤のように押し寄せ、いい意味でも悪い意味でも伝統的な価値観や既存の制度が大きく揺さぶられている。そういう状況は、考えようによっては、国民の一人ひとりが、もっと大胆に個性的な生活を実現していく千載一遇のチャンスなのだが、奥ゆかしさや慎ましさとは何の縁もなさそうな厚底靴をはいたガングロ娘たちだって、その奇抜な姿格好とは裏腹に、それほど革命的な発想の持ち主だとも思えない。

とくに昨今の日本は、長引く不況をはじめ、若年層による凶悪犯罪など、非常に暗いニュースが多く、まじめに日本の前途を考えている人なら、誰でも悲観的にならざるを得ない。良識ある国民は、大半の政治家が有言不実行の選挙屋に過ぎないことをとうの昔に見抜いているのだが、かといって近い将来、この国の運営システムに画期的な変化が起りそうな気配もない。

おまけに自己の保身しか考えていないような公務員軍団が、中央でも地方でも血税の垂れ流しをしているのに、彼らが墨守する親方日の丸主義は一向に改善されそうにない。お役所の建物はどこも立派な高層ビルに建て替えられつつあるが、そこで営まれている仕事の生産性が建物の高さに比例して向上しているとも思えない。もっとも、過重の職務を全うするため、日夜、献身的に働いている公務員も多くおられることを私も知らないわけではない。悪いのは、そのような過酷な状況を生み出している行政システムの非生産性なのである。

教育の荒廃ぶりは凄まじく、イジメや学級崩壊など、問題は山積している。事態改善のために真剣に取り組む先生たちもいることはいるが、年功だけが自慢の事なかれ主義者や、物事を杓子定規でしかとらえることができない石頭先生が幅をきかせているのが、おおよその学校の現状ではなかろうか。良心的な先生たちが、どれほど教育に情熱を注ぎこみ、昼夜奮闘しても、その努力が報われるとは限らない。世の中全体の教育に対する基本的な考え方が、変わってしまったからだ。頑張れば頑張るほど、教え子、保護者、同僚などから反感を買い、結局、自分自身が何らかの心身症に陥り、不登校になってしまう先生たちが続出している。

家庭の空洞化は一層深刻で、親兄弟の人間関係はますます希薄になり、親の子殺し、子の親殺しなど耳を塞ぎたくなるような悲惨な事件が多発している。若年層による凶悪犯罪は全国的に日常化し、援助交際という奇妙な現象もますます弱年化しているにもかかわらず、もはやわれわれ大人は若者たちを諫める道徳的基盤すらもたない。また、いつまでもひきこもりや不登校を続ける子どもを前にして、ほとんどの親たちは、もはやお手上げ状態といってもよいのではなかろうか。

経済のグローバル化で、経済界も厳しい競争にさらされ、盤石と思われていた一流企業も次々と倒産していく。そのため今まで比類なき愛社精神で骨身を削って働いてきた人たちですら、リストラで職場を追われる憂き目を味わっている。マジメ社員だった人ほど、泣くに泣けない惨めな心境にあるだろう。とくに長引く不況で中高年者の再就職は困難をきわめ、それが急増する自殺の一因にもなっている。私が東京に暮らしはじめたのは、ごく最近のことであるが、「人身事故により電車の到着が遅れます」という駅の電光掲示板をこんなに頻繁に目にするとは、思いもよらなかった。

時代は、まことに暗いのである。

しかし、このような暗い時代だからこそ、背筋を伸ばして、明るく逞しく生き抜いていく姿勢が要求されているのである。かといって、どことなく浅はかな感じのする「プラス思考のすすめ」を唱えようとしているのではなく、自己の本然的生命力としての〈野性〉を回復し、より深い次元からの「生の明るさ」を獲得するには、どうすればよいのか、読者とともに真剣に、しかも愉しく考えてみたいのである。

ちなみに、私自身は若いころに親の家を飛びだして以来、おおよそ二十年間、禅寺で暮らしていた。その時は、朝も暗いうちから起きて、坐禅や托鉢《たくはつ》、そして肉体労働である作務《さむ》に明け暮れた。料理をしたり風呂を沸かすにも、まず自分で薪割りから始めなくてはならなかったし、自給自足なので、畑では天秤棒で肥え担ぎをしながら、泥まみれになって野菜を育てたりしていた。

家出癖のある私は、三十歳をゆうに超えてから、さらにその寺をも飛び出して、アメリカ東部に渡り、いきなり学究生活を送るようになった。そのときは大学院生でありながら、生活苦のために、掃除夫や運転手を手始めに、じつにさまざまな職業についた。そのへんの詳しい事情は、『文明の衝突を生きる――グローバリズムへの警鐘』（法蔵館）に書いたが、要するに、体を張ってできることなら、なんでもやってやろうと思っていたのである。

アメリカ東部の大学で過すこと十四年、その後、シンガポールに移り、そこでも二年半、教鞭をとった。二〇〇〇年の暮れに帰国したが、おおよそ十六年ぶりの故国の生活に、懐しさよりも戸惑いを覚えることのほうが多い毎日である。本書で論じようとしている「野性の哲学」の背景には、そういうのっぴきならぬ個人的事情があることを、いちおう読者にお伝えしておきたい。

# 第一章 人間という自然現象

## 人間と自然の関係

最近、環境保護への意識がずいぶんと高まってきたおかげで、人間と自然の関係が見直されるようになってきた。自然破壊を続けているうちに、地球環境が異変を起し、やがては人類の存続すら危ぶまれてくるという否定しがたい事実に、愚昧なわれわれも、ようやく気づきはじめたわけである。

しかし、今まで動植物に対して心無い殺生を散々繰り返しておきながら、絶滅危惧種に指定されたとたん、その種の絶対保存を叫びだすのも、なんだかおかしな気がする。欧米諸国による捕鯨反対運動や、日本におけるトキ繁殖騒ぎも、どこかヒステリックな気配が漂うが、そのように特定の動植物を大切にすることが、そのまま人間と自然の和解を意味すると思い込むのは、少々虫がよすぎる。

自然を対象化して見ているかぎり、そこには人間だけが他の動植物と異質の存在であるという、あまり意識されることのない驕りがある。常識的に考えるかぎり、人間とミミズがそのまま同じであるというのは暴論であるが、目に見えない大きな生命の流れを生きているという意味では、じつは人間とミミズがまったく同じという見解も、また成立するのである。人間の中の自然とか、自然の一部としての人間とかいった観点は以前から存在するが、私が強調したいのは、もう一歩踏み込んで、人間が自然現象そのものである、という考え方である。

人間はふつうの状態では、夜がくれば眠たくなり、朝がくれば活動をはじめ、空腹になれば食べ、そして排泄する。若いときには生殖本能が旺盛で、異性を求めて種を残そうとする。医療の発達や生活環境の改善のおかげで百歳以上の長寿者も増えることは増えているが、いくらなんでも二百歳まで生きる人はいないのであり、すべて人間の肉体は年とともに衰退し、ついに朽ち果てる。たしかに高等動物である人間は複雑な思考能力をもつが、それ以前に、われわれの肉体が自然現象そのものであることは、まぎれもない事実なのだ。

そのような自然現象である人間にとって、文明社会の人工的環境に暮らすことは、本来はきわめて不自然なことなのである。にもかかわらず、少しでも文明を発達させようと不断に努力し、どうしても環境を破壊しながら生きていかざるを得ない人間の存在そのものが、矛盾に満ちている。そんな矛盾に満ちた人間存在を、理性や知性だけで割り切ってしまおうとするのは、どだい無理な話である。そのように割り切れない存在だからこそ、人間は面白いのであり、その奇々怪々とした行動をめぐって、つぎつぎと文学作品が生みだされてくるのである。

産業を発展させるために水や空気を汚染してしまうと、やがて人間の生存にも危害が及んでくるから自然を大切にしなくてはならないという考え方は、まだどこか不徹底であり、人間中心の功利主義が働いているように思われる。そうではなく、周囲の海や山も、そこに棲息する動植物も、われわれとまったく同じ生命を生きているという自覚が、まず獲得されなくてはならない。自然には切れ目がないのである。そのような自覚のもとに生命の「痛み」をみずからの肉体に感じることがなければ、いかに正義を振りかざす環境保護運動であっても、それはひとつのイデオロギーにすぎない。一部の環境保護団体が、きわめて好戦的な態度を見せるのも、そのためである。

もともと日本の歴史的土壌には、素朴なアニミズムに起源をもつ神道の自然主義的生命観や、人間の生老病死《しょうろうびょうし》をありのままに受け止める仏教の宿命論が浸透しており、神と人、人と自然を真っ向から対立させるような発想は、あまりなかったはずである。神話の中でも、日本の神々は喜怒哀楽をあからさまにして、人間顔負けの愚行を繰り返すし、エッチなことも、この上ない。日本の宗教的伝統の基調にあるのは、真理や倫理を追求する姿勢ではなく、素朴な生命礼賛であるといえよう。

ところが、超越的一神教を歴史的背景にもつ西洋文明では、神は無謬《むびゅう》の絶対智であり、その神の似姿に造られた人間は、肉体を超克して、真理を探求することこそ崇高であるとされてきた。そのおかげで、合理的精神が高く評価され、科学と産業が欧米先進国を中心に未曾有の発展を遂げることになったのも事実である。

つい百年あまり前まで、神さまを怒らせたら地震や雷のようなタタリがあると本気で信じていた日本人も、近代以降、急速に西洋文明の恩恵に浴するようになって、自分の肉体も含めて自然というものに、ずいぶん水臭い態度を見せるようになってしまったのである。

## 根源的自然としての〈狂い〉

私は以前、『〈狂い〉と信仰――狂わなければ救われない』(PHP新書)という本の中で、人間性の最奥に潜む生命感情を〈狂い〉と呼び、それに何らかの形で触れることが、宗教体験の本質にほかならないと論じた。〈狂い〉といえば、すぐに精神病に結びつけて考えられがちであるが、それは底知れぬ深みを秘めている人間性への無知からくる偏見であり、あらゆる創造的行為の原動力にもなり得る、この生命エネルギーを決して疎外してはならない、というのが私の主張である。

いささか気が引けることであるが、上田紀行氏(東京工業大学助教授)が、拙著の核心をうまくとらえた書評を書いてくれているので、それを紹介してみたい。

宗教をめぐる視点は今まさに混乱の極地である。オウム真理教に見られるような暴力性は、厳しく指弾されてしかるべきだが、一方でそうした闇の部分を「邪教」と決めつけるような既成の宗教は、文字通り毒にも薬にもならず、われわれの魂の深部には届いてこない。その中で宗教にはいかなる可能性が残されているのか。

本書は、宗教の本質は苦悩にあり、「狂い」という日常を逸脱した体験こそが宗教体験の根底に存在することを、古今東西の宗教の例示とともに説得的に示すことで、行き詰まった宗教を、そして現代の閉塞状況を切り拓こうという極めて意欲的な取り組みである。

著者はまず宗教体験に着目し、そこで「悟り」と「狂い」は紙一重であることを描き出す。日常性にがんじがらめになった現実原則からは悟りは得られず、日常性の解体からこそ宗教体験は生まれ得るが、それ故「解脱」と「魔境」は隣接する体験とならざるを得ない。なぜなら、宗教体験は日常の理性を超えた、無意識に存在するマグマのような生命感情にこそ、その根源を持つものであるからだ。

祭りの爆発的活力、踊り念仏の狂乱、シャーマンの恍惚を見よ。それは狂いでもあり、全体的人間の回復でもある。そして狂うのは人間のみではなく、神々もまた狂い、荒ぶるのだ。キリスト教のねたみの神、イスラム教の怒りの神、血なまぐさいヒンズーの神々、愚行を繰り返す日本神話の神々……。善と悪のせめぎ合い、暴力と救済の根源的なドラマこそが、世界の深層を照らし出すのだ。

善と悪に、日常と非日常に、絶望と歓喜に引き裂かれる「狂い」の体験なしには「救い」もまた存在しない。それどころか「狂い」が排除された、底の浅い「明るく」「理性的な」社会こそ、抑圧された「闇」が最も暴力的に噴出する社会なのではないか。宗教論にしてその訴えかけは現代日本の総体に及ぶ。気力充実した、必読の一書である。

(共同通信、一九九九年八月)

この文章から、私のいわんとしている〈狂い〉がどのようなものか、おおよそ理解してもらえると思う。それは知性や理性以前に、人間存在を定義づけている根源的自然なのである。にもかかわらず、それを全否定しようとするなら、それは自分の手で自らの首を絞めてしまうのに等しい。

ところで、本書で論じようとしている〈野性〉は、この〈狂い〉と強いつながりをもつものである。〈狂い〉には無意識の闇の中に姿なくわだかまる怪物のような不気味さが漂うが、その得体の知れない代物が、ある程度、意識の光を浴びるところまで浮上してきて、もっと直接的にわれわれの人格やライフスタイルに関わりをもち始めれば、それが〈野性〉となる。つまり混沌とした根源的生命が顕在化あるいは意識化したものが、私のいう〈野性〉なのである。

無意識層にわだかまる〈狂い〉を無視したり、抑圧したりすれば、〈狂い〉の恐ろしい反撃を招き、人間社会をいびつにするばかりでなく、個人の精神状態にもさまざまな問題を招くことになってしまう。それと類似したことが〈野性〉についてもいえるのであるが、〈野性〉を疎外するような生き方を選択したとしても、〈狂い〉の抑圧ほど深刻な結果に結びつく心配は、まずない。ただどことなく覇気のない、線の細い人格が形成されてくるだけである。

しかし、現代人の多くが大なり小なり感じている自己閉塞感や倦怠感の原因になっているのは、どちらかといえば〈狂い〉よりも、〈野性〉の退行現象である。だから『〈狂い〉と信仰』での議論は、やや宗教哲学めいたが、本書で扱う〈野性〉は、これからの政治、ビジネス、教育などの在り方にもかかわる現実的な課題であるといえる。

## ロゴスとパトスの夫婦関係

「我思う、ゆえに我あり」といったのは、近代哲学の父デカルトである。それはそれまで絶対者として君臨していた神の代りに、自我（エゴ）を世界観の中心にすえる西欧近代文明の幕開けを高らかに告げる哲学的声明であった。「我思う、ゆえに我あり」という言葉の背後には、感情や感覚など身体的な要素を、理知的思惟や精神の自立を妨げるものとして、極力排除しようとしたデカルトの基本思想がある。

しかし、彼の思想にはロゴス（理知）への過大評価があり、生命活動の場としての身体性の役割がまったく無視されている。理性と知性のおかげで、われわれは道徳的観念や合理的知識を身に付けていくことができるわけだが、ロゴスを偏重するあまり、人間という自然現象が必然的に抱える曖昧な要素が、ばっさりと切り捨てられているのである。人間性の中の〈狂い〉や〈野性〉が抹殺されたところに、果たして全人的な人格が成立するのか、私としては大いに疑問とするところである。

ちょっと考えてみれば分かることだが、単に理知的な人間というのは、あまり魅力のある存在ではない。誰だって痩せたソクラテスのような大学教授に会うよりも、フーテンの寅さんのような下町のオジサンに会って、一緒に団子でも食べたほうがよっぽど楽しいし、勉強にもなるのである。それは書物の虫みたいな大学教授よりも、実人生で酸いも甘いも嚙み分けた下町のオジサンのほうが、人間という曖昧な生き物を深く理解しているからにほかならない。

さてロゴスの対岸にあるのが、パトス（情念）である。こちらのほうは、その不合理で曖昧な性格から、むしろ自然科学の発展を妨げるものとして、正当な評価を受けてこなかったのである。聖書（「ヨハネによる福音書」）にも「初めにロゴスありき」と書かれているように、ロゴスが「真理」と同等に扱われてきたのに比べて、人間の肉体に発する感情を主体とするパトスのほうは、「蒙昧」というニュアンスが強い。

キリスト教思想に主軸をすえる西欧文明には、この身体性への偏見がついて回る。肉体は肉欲を宿すものであり、それはイブが禁断の実を口にして以来、人間を神の穢れなき世界から罪深き世界へと陥れた最大の要因と見なされてきたわけである。ルネサンス期には、教会から解放された人間性の発見が叫ばれたが、それでもその思想的基盤にあるのは、人間が自己の意志によって神的存在の高みに到達できるという宗教的世界観であった。決してロゴスとパトスの優劣関係が逆転したわけではない。

しかし、ロゴスとパトスは二律背反的に存在するのではなく、共に等しい人間の属性として、補完的な関係にあるはずのものである。意識と無意識、精神と肉体のあいだに、健全な緊張関係が存在することは、人間性を深めていく上で非常に大切なことだが、それらが敵対関係にあると、人格の全体性というものが実現しにくい。

およそ感性の軽視、情念の蔑視がわれわれ人間の生活と精神をどんなに危険な状態に追いこむものであるか、それは、いまや誰の目にも明らかであろう。科学技術の無計画なあるいは非社会的な使い方による自然環境の破壊と並行して、われわれのうちなる自然である感性や情念も荒廃にさらされている。感性や情念はわれわれのもっとも身近なエレメント、つまり生存の基盤である。だから、それが涸渇し、あるいは荒廃するとき、われわれは感情生活においてだけではなく、知的、理論的活動においても衰退するよりほかはない。（中村雄二郎『感性の覚醒』）

つまり、情念としてのパトスが疎外されてしまうと、合理的な思考を支えているロゴスも活力を失ってしまうわけである。いわばロゴスとパトスは夫婦関係にあるといってもよい。一方が元気をなくせば、もう片方も元気がなくなる。

いやもっと元気のいい夫婦は、適度な口喧嘩を繰り返すことによって、その関係をつねに活性化させている。相手を対等にみていなければ、健全な夫婦喧嘩は成立しない。いささかロゴスの亭主関白気味であった文明社会に、押さえ込まれていたパトスが失地回復をして、ロゴスとの間に健全なバランスを築きあげることが不可欠なのである。そしてロゴスとパトスが激しくぶつかり合うところに、〈野性〉という新しい知のパラダイムが止揚してくるわけである。

つまるところ、「我思う、ゆえに我あり」としか考えられないのは、頭でっかちのデカルトぐらいで、われわれ日本人は何も考えずに、蛙が古池に飛び込む水の音をぼんやりと聞いていても、結構、自己の存在感をひしひしと感じることができるのである。

## 人間はほんとうに「理性的動物」なのか

そもそも人間を「理性的動物」であると定義づけてしまったのはアリストテレスであるが、私は「理性的」という修辞句をつける以前に、人間が「動物」であるという側面をもっと素直に受け止めるべきだと思う。人間の行動を後ろから突き動かしているのは、ほかならぬ動物的本能なのだ。本能という名のエンジンパワーで走り回っているクルマを、理性というハンドルで操作し、辛うじて人の道から踏み外さずにいるだけである。ちょっとばかりハンドルを切りそこねるだけで、とんでもない犯罪をおかしてしまう危険性は、誰にでもある。

エンジン馬力の大きい人間は、小さい人間よりも動物的な側面を強くもっており、そのぶんだけ世間の風あたりも強い。「英雄、色を好む」と昔からいわれているが、それは凡人よりもはるかに〈野性〉的な生き方を演じてみせる英雄の特徴をうまくとらえた表現である。しかしどれだけ多くの美女に囲まれることができても、英雄は人一倍悩まなければならないのであり、その苦悩の深さに耐えるだけの強靭な精神力をそなえていなくてはならない。

人間の理性的側面よりも、動物的側面を重視するからといって、もっと本能的欲望に任せた奔放な生き方をしようというのが、私の趣旨ではない。逆説的に聞こえるかもしれないが、自分の中のより動物に近い要素、つまり〈野性〉を解放することは、人間の尊厳を高めることにつながってゆくのである。

もし、だれもが自分の内なる動物とより良い関係を持っていたなら、それは同時に自分の人生により高い価値を与えることになるはずである。(ユング「移行しつつある文明」)

深層心理学の権化ユングが「自分の内なる動物」といった場合、それは無意識のことをさすと理解してよい。玲瓏と透き通った意識が生みだす産物がロゴスだとしたら、「自分の内なる動物である」無意識が、あらゆる情念をふつふつと煮えたぎらせるようにしてはじき出すのがパトスである。理性的な意識は、つねに本能的で無秩序な無意識を押さえ込もうとするが、あいにく後者は前者の言いなりになるほど、大人しい代物ではない。意識の抑圧が強ければ強いほど、無意識は虎視眈々《たんたん》と反撃のチャンスを狙う。

氷山というのは海面上に突き出ている部分よりも、海面下の部分のほうがはるかに大きいが、意識と無意識の関係もそれと同じである。心理療法家は、何らかの精神症状に悩む患者に、海面上の問題の原因が実は海面下にあり、意識されている症状と意識されることのなかった過去の記憶との間にどのような相関関係があるのかを自覚させる。そのためにカウンセリング、催眠療法、夢分析、箱庭療法など多様な方法が存在するが、その目的とするところは、分裂してしまった意識と無意識の再統合、分かりやすくいえば、仲直りである。世界一の豪華客船タイタニック号を沈没させたのも、海面上ではなく海面下の氷山である。それと同様に、無意識はどんな道徳家の人生だって狂わしめる力をもっているのだから、恐ろしい。

昼と夜、光と闇、夏と冬、あるいは男と女、そのいずれの組み合わせも、決して敵対するものではなく、互いが互いを必要とする関係である。意識と無意識もそうなのだが、かりに理性的な意識を本能的な無意識が一方的に凌駕してしまうようなことがあれば、善悪の判断や羞恥心も機能せず、人間として社会生活を営むことができなくなる。亭主関白やカカア天下も度がすぎると家庭崩壊が起きるが、なにごとにせよペアというものは、やはりバランスが大切なのである。

人間の幼児期には、意識と無意識は未分の状態にあるが、年齢とともに自我意識が目覚め、意識と無意識の間の距離が拡大し始める。そして現実社会の限りなき矛盾に直面するにおよんで、ついには意識と無意識は交戦状態に入り、人間は大きな葛藤を抱えながら生きる。そのへんの機微を名文にして残したのが、夏目漱石である。

智に働けば角が立つ。情に棹させば流される。意地を通せば窮屈だ。とかくに人の世は住みにくい。(『草枕』)

誰だって、多かれ少なかれこんな悩みを抱えながら、辛抱して生きているのである。しかし、賢明なる人間は実人生で苦労を重ねるうちに、意識(智)と無意識(情)を和解させることを学びとり、容易には外的条件に左右されない自我を確立し、より円満な人格を形成していく。

〈野性〉的人間は、必ずしも円熟した人格者であるわけではないが、その内面世界でロゴスとパトス、義理と人情、理性と本能のたえまないせめぎ合いが繰り返され、そのぶんだけ矛盾に満ちていながら、その活発な精神活動から、不思議な存在感を感じさせる人物である場合が多い。

## 肉体主義者の言い分

だいたい私は、日ごろから肉体主義者であることを自負している。だからどうしても人間の理性的側面よりも、動物的側面の肩を持ってしまうのである。肉体主義などといえば、酒池肉林の世界に耽ることとかと思われるかもしれないが、残念ながら私はそんなに遊び上手な人間ではない。

かのニーチェも「肉体は一つの大きな理性である」(『ツァラトゥストラはかく語りき』)と書き残しているように、肉体もりっぱに人間の思考形態の一部をなしているのだから、人間の精神と肉体を切り離してしまってはダメだというのが私の言い分である。

そもそも私が肉体主義者を自称するようになったのは、何年か前に、東大インド哲学科のセミナーで話をしたときに、友人の東大教授が私のことを「肉体主義者の町田さん」と紹介したことに始まる。そのように紹介されたときには、一瞬ギクリとしたが、よく私の人となりを捉えている表現だと、大いに感心した次第である。

というのは、私はつね日ごろ、体を使うことがいかに大切かを人にも説き、自分でも実践してきているからである。体を使うといっても、労働をしたり、スポーツをしたり、いろんな方法があるわけだが、私にとっては体を使うことと、モノを考えることとは同義語に近いのである。

人がモノを考えるとき、ふつう大脳の前頭葉あたりが活発に働いているように理解されている。そういう説も大脳生理学的には正しいのかもしれないが、肉体主義者としては、思考活動を単に大脳の専売特許とされてしまうのには大いに抵抗がある。

周囲の環境やそのときの体調によって、われわれの気分というものは顕著に変化するのであって、それによってわれわれのモノの考え方も異なってくる。腹を空かせて寒いところでガタガタと震えておれば、とかく悲観的な考え方をしてしまいがちだし、腹も満ち足りて暖かい日差しのもとに寝ころんででもおれば、おのずと楽天的なアイデアが浮かび上がってくるというものである。いくら偉そうなことをいっても、自然現象である人間の思考というのは、それぐらいのものなのである。

外部の環境からの情報や肉体が発する微妙なシグナルをとらえて交通整理するのは、皺だらけの脳みその仕事かもしれないが、思考が脳内だけで成立するものではないことは、右のような単純な事実からも明らかである。とくに私のように頭脳の機能にあまり自信がない者が、人並みにモノを考えようとする場合、できるだけカラダが喜ぶような環境に自分を置いて、肉体エネルギーの応援を受けるようにしなくてはならない。私は今まで何冊も本を書いてきたが、いつもその方針で臨んできたおかげで、幸い、アイデアが涸渇するということがなかった。

『脳を鍛える』という著書もある立花隆氏などは、よほどアタマの回転が速いのだろう、その読書量には人を寄せ付けない凄まじいものがある。いつか彼の猫ビル（仕事場）を訪れたことがあるが、文字通り床から天井まで本で埋め尽くされており、彼の知的好奇心を体現したような光景に圧倒されてしまった。

そういう彼がいつか東大生に向かって体を鍛えるなどと悠長なことをいっておらずに、寸暇を惜しんで情報収集に励むべきだといった内容の講演をしたと聞いているが、いくら立花氏の怜悧な頭脳に敬意を表する私でも、とうてい賛成しがたい意見である。私もどちらかといえば多読乱読型の研究者だが、正直いって肉体の鍛練を無視した思索など、私にはあり得ない。肉体主義者の自分としては、アタマの回転数で勝負に出たくないので、どうしてもカラダの機能でそれを補足しようとする本能的欲求が働くのである。

肉体の鍛練といっても、日常生活の中でなるべく体を使うようにしているだけで、別にウェイトトレーニングをやって、筋骨たくましくなろうとしているわけではない。もっとも、私は子どものときから山歩きが好きなので、今でも暇があれば、内外の山に出かけて行ってトレッキングをするようにしている。山や森の中を歩いているうちに、思わぬインスピレーションを得ることは、実際によく経験する。私にとって、大学の研究室は仮眠室のようなものであって、ほんとうの書斎はアラスカの山にあったり、オーストラリアの海にあったりする。

全身運動をして汗をかいただけ、思索が深まるという奇妙な迷信を信奉している私は、日課の水泳も十年あまり続けているし、海外で暮らしていたときは下手をかえりみず、テニスや卓球にも毎週参加した。日本に戻ってからは、気軽にスポーツができる施設が少ないことが大きな悩みであり、せめてその穴埋めにと、毎朝起き抜け一番、家の中の雑巾がけをするようになった。これも禅寺の小僧時代を思い出して、楽しいものである。

もちろん、愛用車は自転車である。広いアメリカをあちこち移動していたとき、人間が一生に乗るぶんだけ運転したような気がするので、もうあまりクルマには未練がない。排気ガスも出さず騒音もたてない自転車を、自分の足で漕いで移動できる喜びを、今さらながらに、しみじみ味わっている次第である。

そのようなアウトドア派の私にとって、ネクタイで首をしめた上に窮屈な背広を着て、建物の中で長時間過すというのは拷問に近い。私の場合、少しでも体がだるくなれば、とたんに思考力が鈍る。その変化はあからさまであり、ごまかしがきかない。そのようにカラダとアタマがいとも簡単に短絡してしまうのも、あまり褒められた話ではないが、そのぶんなるべく体調を崩さないように注意しているので、少なくとも健康維持には役立っている。

## 環境・肉体・思想の三位一体説

私の肉体主義をもう少し発展させていくと、環境・肉体・思想の三位一体説に行き着く。それはなぜかといえば、人間は自分が置かれている歴史的、社会的、物理的な環境によって、どのような思想を抱くか、大いに影響を受けるからである。

たとえばデカルトが出現したときのヨーロッパは、ひどい寒波に見舞われており、食糧が極端に不足し、人間と自然の関係が非常に敵対的な性格をおびていたのである。そのような状況だからこそ、自然に依存しない人間の理知を中心とした存在の形態が哲学的に模索されたわけである。

日本でも十三世紀の鎌倉時代は、栄西、法然、親鸞、道元、日蓮などの偉大な宗教家を集中して輩出している。彼らが巻き起こした宗教運動は、日本の思想史上、大きな出来事であるが、それほどのインパクトのある思想を彼らが次々と生みだしたのは、もちろん個人的資質によるところが大きい。

しかしそれだけではなく、律令体制の崩壊に伴う社会不安、荘園拡大を続ける権門寺院に対する庶民の反感、かつてない規模で連続する天災や飢饉などの諸要素が混ざり合ったところに、特異な歴史的環境が生まれてきたのである。それに対応して、それまでにない新しい宗教的価値観を必要とする土壌ができたと思われる。

環境と思想を結びつけるのが、肉体にほかならない。環境の変化を感じ取るのは、脳の一部ではなく、つま先からアタマのてっぺんまでの全細胞である。そのとき体ぜんたいの細胞が総動員で、環境の変化を読み取り、それに応じた情報を脳に送り込んで、しかるべき判断を下すわけである。そこに従来とは異なった発想も生まれてくるわけだが、そのようにして肉体が、思考のプロセスに参加しているといってよい。しかもさらに重要なことは、人間は肉体を通じてこそ肉体を超える思想を獲得することができるという事実である。

その最も具体的な例が、禅の修行である。「不立文字《ふりゅうもんじ》、直指人心《じきしにんしん》」を趣旨とする禅宗では、教義についてあれこれと理屈をこねるのをよしとせず、修行者は坐禅を通じて全身で真理をつかみ取ることを求められる。禅のカナメは、全神経を集中させる坐禅だけにあるのではない。「行住坐臥《ぎょうじゅうざが》」という言葉に示されているように、日常儀礼や食事作法における一挙手一投足に心を注ぎ、みずからの身体が仏教の教えそのものを体現していることを理想とする。だから本物の禅の老師には、弟子が廊下を歩く足音を聞くだけで、その修行の進み具合が分かるのである。

そのように徹頭徹尾、肉体的な回路を通じて、空とか無とか、きわめて形而上学的な思想に到達しようとするのが、禅の世界なのである。また物心一如をモットーとする禅道場は、境内が塵一つないほどにまで掃き清められているのが特徴だが、そこにも環境・肉体・思想の三位一体説の実践があるといってよい。

残念ながら現代の文明社会では、ますます情報技術が進化するにつれて、人間の思考から身体性が希薄になり、さらに世界中の自然環境が破壊され続けている。そのような状況にあって、環境・肉体・思想の三者は一体であるどころか、バラバラに切り崩されているのではないだろうか。そのようなことも念頭におきながら、次章では文明社会における〈野性〉の在り方に焦点をあてて考えてみたい。

# 第二章 文明社会と〈野性〉

## 潔癖社会が抱え込む病理

私の趣味のひとつは、海外一人旅である。もともと都会はあまり肌に合わないので、おのずから足は田園地帯、あるいはそれ以上の辺境へと向かう。そのような旅では、まず日本的衛生観念は通用しない。うす汚れた皿に載せられてくる奇妙な食べ物と、その周りに元気よく飛び交うハエなど気にしていたら、何も食べられなくなってしまう。そもそも自分の口に入れている食べ物が、どのような状況で調理されているのか、あまり考えないほうがよい。

いつかベトナムのホーチミン市の安宿に泊まったとき、ベランダから雑踏で賑わう下の通りを眺めていたら、足下に黒いものが近づいてきた。たそがれの闇の中ではっきり姿が見えないので、私はてっきり宿の飼い猫だと思っていたのだが、いつまでも動かない。目をすえて見てみると巨大なドブネズミだったので、飛び上がるほど驚いたことがある。あいうのがいっぱいいて、レストランの厨房を夜中に彷徨しているにちがいない。

冒険好きの私も決して胃腸の強いほうではないのだが、腹が痛みだしたとき、マトモに用が足せるトイレがあったなら感謝感激である。もちろん、トイレットペーパーのような気の利いたものはない。このような状況でも、地元の人たちは逞しく生きているのであり、そのような旅に慣れてしまえば、すっかり文明化、つまりナマクラ化したわれわれだって、結構抵抗力が身につくものである。

文明が進化するということは、より快適で安全な生活環境が提供されるということであり、それに対して異議を申し立てる気は毛頭ない。私などアジア各地の田舎町や山村を訪れた後に、久しぶりに日本に戻ってくると、文明の恩恵が本当に身にしみてくる。熱い湯の出る風呂がある。夜に何度も停電がなく、スイッチを押せば電灯がつく。どこにでも直通で電話が通じる。電車やバスが時間通りにやってくるなど、日ごろは当たり前に思っていることが、一種の驚きとなって受け止められる。

しかし、文明が進化することを手放しで喜んでいるわけにはいかない。特に日本のように抗菌グッズが流行するほど潔癖症的な社会では、誰にでも本来そなわっているはずの〈野性〉が弱体化し、花粉症やアトピーなど以前にはなかった症状が、急速に広がっている。

おまけに、豊かなはずの文明社会に、かえって反道徳的な行為が横行するようになるのだから不可解である。発展途上国における犯罪の原因は、おおかた貧困であるが、日本の場合は大いに異なる。小遣いにも困っていない中流家庭の学業優秀な子供が、理由なき殺人を犯したりする。

体を泥んこにして動物と戯れあったり、野山を駆けずり回ったりした経験もなく、抗菌グッズがもてはやされる清潔な社会に育つ若者の生命感覚が、根本から損なわれているのである。決して不衛生な生活環境を推奨しているわけではないが、社会があまりにも潔癖であろうとすれば、不可解な行動をとる病的人間は、増加の一途をたどることになるにちがいない。なぜなら、バイオロジカルな雑菌を毛嫌いし、それを抹殺しようとする社会は、生命の多様な存在形態を受け入れるだけの寛容性をもたない社会でもあるからだ。

無菌社会日本と正反対の位置にある国のひとつが、インドである。インドの聖地ベナレスにある有名な沐浴場で舟に乗っているとき、舟べりに半ば白骨化した死体がプカプカと浮いてきたのには参った。しかし、もっと恐れ入ったのは、その横でみんな嬉々として、ガンジスの水を飲んだり、うがいをしていたことである。正直いって、私はインド人のすさまじい免疫力に羨望の念を抱いてしまった。

インドの街ではどこに行っても、人間、野良ウシ、ロバ、ブタ、ヤギ、ネズミ、トラック、乗用車、オート三輪、オートバイ、人力車が渾然一体となって、絶叫にも似た騒音をたてながら、狭い道路にひしめき合っている。かすかに存在する秩序をあえて無視して、純度百パーセントの混沌の中にこそ恍惚感があるかのように、誰もがいのち逞しく生きようとしているインドは、無菌志向の日本人が、是非一度訪れるべき土地だろう。もちろん、私のように熱射病にかかって、一晩中、ウンウンと苦しむことまでは、おすすめしないが。

ところで、青少年による凶悪犯罪と並行するように増加しているのが、働き盛りの男性による自殺である。自殺はどこの国にでもあることだが、その国に住む男性全体の平均寿命が下がってしまうほど高い自殺率というのは、やはりタダゴトではない。みずからの命を断たなくてはならないほどの苦悩を背負ってしまった人々を批判するのは、たまたま生き長らえている者の傲慢であるが、どういう理由があるにせよ、もう少し粘りのある生き方ができないものかと考えてしまう。

しかし、きわめてカジュアルに他者の生命を奪ってしまう十代の少年たちと、社会的なプレッシャーを背負いきれずに自らの命を絶ってしまう中高年男性との間には、一見、何の関係もなさそうだが、その両者はどうも根っこではつながっていそうである。

それが何かといえば、キレるということである。前者は学校や家庭に対する怒りやストレスがこうじて、衝動的な加害行為にでる。後者はたいていの場合、経営の行き詰まりや過労などを原因として、発作的に電車に飛び込んでしまったりする。

一方は他虐的であり、もう一方は自虐的であるという違いはあるが、決定的な瞬間にキレるという点において、両者はたしかに共通している。年齢的にも犯罪グループと自殺グループには父と子ほどの大きな隔たりがあり、いわゆる世代間の断絶があるはずなのに、現代社会の悲劇を演じているという意味では、運命共同体といえよう。

もっともごく最近の調査によれば、十七歳の少年よりも四十九歳の男性のほうが犯罪率が高いらしく、けっこう私と同世代のオジサンたちも他虐的にキレているのである。どうもわれわれ日本男性は、酒場で酔いつぶれたり、競輪競馬で大穴を狙ったり、前後をわきまえずハメを外すことが多いわりには、ストレス発散が下手らしく、積もり積もった鬱憤をあらぬ方法で大爆発させてしまうようだ。

## 逆境に対する免疫力

凶暴性をおびているはずの野生動物ですら、無意味な殺し合いはしないし、ましてや自殺もしない。なのに文明人であるはずのわれわれが、かくも容易に他人や自分の生命をあやめてしまうのは、なぜか。

それは生命感覚としての〈野性〉が衰えているからである。「人間は本能の壊れた動物である」と言ったのは心理学者岸田秀であるが、文明は誠にありがたいものであるにしても、その恩恵に浴しているうちに、大切なものが奪われていくのも事実なのである。

近ごろ、朝ご飯を食べられない子供、昼夜がまったく逆転してしまったフクロウ症候群の若者、若くしてセックスレスとなる夫婦が急増していると聞く。これも現代人のホメオスタシス（生体維持機能）が壊れていることの証しかもしれない。日常生活の不自然なリズムが、肉体に埋め込まれている信号を狂わせてしまうのである。

ちなみに『ついていく父親』という本の中で芹沢俊介は、家庭のエロスが醸し出す受容感が子どもの心を育むためには不可欠であることを指摘している。夫婦が早くからセックスレスとなってしまうと、その関係がギスギスとしたものとなり、知らぬ間に子どもの柔らかな心を傷つけ、情緒不安定を招くことがあるらしい。そのような説は、私の環境・肉体・思想の三位一体説に照らし合わせても、大いに納得できる。それにしても、世界一ポルノが街頭に氾濫している日本社会で、セックスレス夫婦が急増している現象は皮肉な話であるが、昼間はいくら喧嘩しても、夜になれば野性的な男女関係に戻ることが、家庭の平和のために望ましいらしい。

さて話を戻すと、機械の性能が上がれば上がるほど、人間の器官が衰える。クルマが今のように普及していなかった時代に生きた人間にとって、重い荷物を背負って十キロ、二十キロ歩くことは朝飯前であった。現代では自分の足で歩けば、ちょうどいい運動になるような距離でもクルマを使う。当然、足腰が弱って、成人病同好会に入ることになる。昔は風が吹けば儲かるのは桶屋だけだったが、今はクルマが増えて儲かるのは、自動車会社というよりも医者と坊主と葬儀屋である。

電気や水道、冷暖房が普及する以前は、生活にたいへんな不自由があった。でもその不自由のおかげで、人間はお互いに支え合い、家族やご近所の間に、なんともいえぬ温もりのある関係が維持されていた。

ネパール山岳地帯の農家を訪れたとき、長くて寒い夜の闇に灯された一本のローソクを囲んで、母と子が楽しげに語り合っている横で、オヤジが自家製の焼酎を飲んでいた。私もそのヒエから作ったという焼酎ロキシーをお相伴し、しばし舌鼓を打ったのだが、あとで聞くところによると、それを醱酵させる過程で、さんざんツバを吐きかけるらしい。あの香り高さは、ネパール農民の体臭だったのかもしれない。

生活が快適になったぶんだけ水臭くなったのは、人間と人間の関係だけではない。太古の時代から顔を付き合わせて生きてきた人間と自然の関係も、ずいぶん「よそ行き」になってしまった。それどころか、人間と自然は敵対するようにもなった。経済発展という大義名分のために、人間は自然に挑みかかり、傷つけ、命を奪い続けている。自然破壊は、みずからの〈野性〉破壊にほかならない。海や山が元気をなくしたぶんだけ、人間の生命力も衰えていく。何度もいうようだが、自然には切れ目がないのである。

ところで文明の進化にともなって退化するのは、どうやら人間の器官だけではなく、精神もまた同様の運命をたどるようである。猛暑や極寒のように厳しい自然に無防備にさらされ、ヤセガマンであれ何であれ、それにただ耐えるというだけでも、相当な精神力が必要である。それが生活が便利になるにつれて、われわれの心も体もすっかりナマってしまった。そしてそれと並行して、大人も子供も逆境に対する免疫力が弱くなった。

ナマクラな生活態度を批判するからといって、私は決して「精神一到、何事かならざらん」というような精神主義の復活を叫んでいるのではない。戦前戦中の日本人をあらぬ方向に導いて国内外に大きな不幸をもたらしたのも、戦後の経済復興の中で猛烈社員を過労死にいたるまで追いつめたのも、悪しき精神主義である。

子供たちがおのずから興味をもち、放っておいてものめり込んでいくような生きた教材を提供する以前に、学校の教師が機械的に繰り返す「頑張れ、頑張れ」という言葉も、一種の精神主義だといってよい。日本人は、今も昔も合理性のない精神主義が好きである。

改めていうが、私が唱えているのは精神主義ではなく、肉体主義である。精神主義は励ます側の権威の匂いがするが、肉体主義は肉体に内在する生命力に敬意を払うことである。運命の厳しい試練を生きぬくのは、外から押し付けられた精神力でなく、内から湧き出てくる生命力であってほしい。

それにしても現代人は、肉体的にも精神的にも疲れている。生命力の電池が弱っているのに、充電する暇がない感じである。電池が切れれば、人が羨むような社会的地位にある人物も、発作的に自殺してしまったりする。物質的生活そのものは、以前のどの時代と比べてみても、はるかに豊かになっているはずだのに、生活にゆとりも潤いも持てないでいる。ストレスが重なると、お肌が荒れると女性は嘆くが、もっと目に見えないところで荒れるのは、人間の心である。

だから、荒れた心を癒すという意味での〈癒し〉ブームが起きているのである。そしてアロマテラピーやら、ダンスセラピーなど、新しいビジネスになるほどの人気である。ストレスに負けないために脳内モルヒネ（β-エンドルフィン）を促進させる療法を説いた『脳内革命』という本がベストセラーになったことも、いかにも脳化が進む現代社会らしい現象である。

私はそれらのセラピーの有効性を必ずしも疑う者ではないが、いってみればそれらの方法は、傷口に外用薬を塗布するようなものといえる。傷をほんとうに癒す力は、やはり自己の肉体から内発してくるのであって、薬はあくまでその応援をするだけである。老人より若者のほうが、病気やケガから回復するのが早いというのも、要するに肉体が秘める生命力の問題であり、心の傷を癒すにも、精神的体力としての〈野性〉が旺盛なほうがいいわけである。

## 飼育される人間

野生動物を野生動物たらしめているものは、自らの力で生きる意欲である。生存のために何百キロでも歩いて獲物を求め、攻撃をしかけてくる敵に対して防御を怠らず、種の保存のために生殖行為にしのぎを削る。このようなサバイバルの意志を失えば、動物はもはや野生の世界に残ることができない。

ところが、人間から飼育されるペット、家畜、動物園の動物などは、身の安全と引き換えに、野生本能を急速に鈍化させていく。飼い猫の中には、目の前に通り過ぎるネズミを捕まえる意欲をもたないばかりか、ネズミを恐れる不甲斐ない猫だっているのである。そしてここで反省されるのは、文明国家に居住するわれわれも、これらの飼育されるペットと同じ立場に置かれているのではないかということである。

われわれは行政機関という飼育係に、税金という形で報酬を支払い、市民生活の安全と快適を保証してもらっている。行政が機能していなければ、子供たちを通わせる学校も存続しえず、もっと身近には、台所から出てきた今日の生ゴミすら始末できない。それが文明国家というものである。

このように文明の恩恵を受けるということは、自分の力で生きる意欲を放棄し、知らず知らずのうちに飼育される存在になることでもあるのだ。私は決して文明を否定しているのではなく、両刃の剣である文明の力を自覚していないと、いつのまにか生命の息吹ともいえる〈野性〉を喪失してしまう危険に警鐘を鳴らしたいのである。とくに社会制度が充実している国では、その危険性が高まるのであり、日本や北欧先進国で自殺が多いという事実も、そのことを裏付けている。

人間は野生動物ではないが、〈野性〉的動物である一面を放棄すべきではない。〈野性〉は逞しい生命力から沸き起こるゆえに、理知の枠からはみ出るところがあるものの、生に対して積極的であり、受け身ではない。それは本能に根差すものでありながら、むしろ努力によって獲得するものであり、文明のぬるま湯に浸って自己満足しているかぎり、自覚されることはない。

私は、むしろ〈野性〉のことを教養の一種のように考えている。いささか知識偏重に走りすぎた二十世紀では、「磨かれた知性」を有していることが高く評価されたが、二十一世紀に求められるのは、身体性を疎外しない全人格的知性としての「磨かれた〈野性〉」である。そうでなければ、ますます先鋭化する情報化社会の波に翻弄されて、空疎な知識ばかりを頭に詰め込み、みずからの身体に本来そなわっている生命力を、どんどんと先細りさせていくことになるだろう。

それともう一つ逆説的なことをいえば、高度に発達した文明社会で、人間が倫理観を失わないためにも、人間性の動物的側面を回復することが大切なのである。理性が突出して身体にそなわる動物性が排斥されてしまうと、自分が生きているのだという生命感覚もなければ、他者もまた同じ生命を生きているのだという連帯感がなくなってしまう。

叡知的性格は感覚の外にあって之を統一するのではなく、感覚の内になければならぬ、感覚の奥に閃くものでなければならぬ、然らざれば考えられた人格に過ぎない。それは感ずる理性でなければならぬ。（西田幾多郎『思索と体験』）

哲学的思惟に没頭するあまり、やや肉体をおろそかにしすぎた感のある西田ですら、叡知と感覚が切っても切れない関係にあることを早くから気づいていたのである。「感ずる理性」を持ちあわせない人格者が、いくら立派な道徳論を振り回してみたところで、いったん生命の連帯感が途切れてしまえば、人権の無視やら他の生命に対する暴力が発生してくるのは必然的である。他者の痛みを自己の痛みとして感じる能力を喪失してしまうわけだから、強い者は自分より弱い者に対しては何だってできる、ということになりかねない。したがって、道徳の退廃すら人間の内面世界における理性と〈野性〉のバランスが崩れてしまったことに起因しているといっても、決して過言ではない。

## 感覚という知恵

文明を進化させることは人類に与えられた使命のひとつだと思うが、人間の〈野性〉的感覚を去勢化するという避けがたい性格を文明がその本質にそなえていることを忘れてはならない。われわれの視覚や嗅覚も、古代人と比べれば、はるかに鈍化しているだろう。

今でも世界各地の先住民の中には、まだまだ鋭い〈野性〉的感覚を維持している人たちがいる。たとえば、私が訪れたマレー半島内陸部に住む「原生の民」オラン・アスリは、ブローパイプから毒矢を吹き放って、高い木の上にいる小動物や小鳥をつかまえる。その狙いが定かなのは、恐ろしいほどの視力をもっているからである。書物を読むこともテレビを見ることもない彼らは、遠くにある小さなものまで見分けるだけでなく、動物のように夜目が利くから、何の明かりもない夜道を歩き回ることもできるのである。そのような研ぎ澄まされた感覚機能だけを頼りに、彼らは広大な熱帯雨林の中で、何世紀にもわたって移住生活を続けてきたわけである。

私自身、かつて禅堂で坐禅に明け暮れていたころ、周囲の樹木の気配、おりおりの雨や雪にも深く感じ入るような身体感覚があった。反対に街に出ていくと、騒音や排ガスですぐに頭痛がし、建物の中に入ると、今度は冷暖房に非常な不快感を覚え、天井から煌々と照りわたる蛍光灯が眩しくて、ろくに目を開けていられないというようなことがよくあった。外的な刺激が制約される生活の中では、おのずから全身の感覚が研ぎ澄まされてくるのである。

対照的に今の若者は、すばらしく高性能のヘッドフォーンから、最大音量の音楽を聞いているが、あれはいかに彼らの感覚が鈍化してしまっているか、如実に示している。もはや理屈くさい書物などには振り向かず、あくまで感覚的刺激を追求しようとしている若い世代の感覚機能がマヒしてしまっているのは、皮肉な話である。

身体に埋め込まれた感覚的知恵という点においては、文明人は未開民族に完全脱帽である。まず彼らは予知能力をもつ。地震、台風、洪水、干ばつ、山火事などの自然現象が発生する以前に、その気配を感じ取る。大地と共に生きている彼らは、動物の鳴き声とか、風の匂いとか、ちょっとした変化があるとそれを見逃さず、そこから何らかのシグナルをキャッチすることができるのだ。そして、危険を察知すれば、なるべくその被害を小さくするために必要な場所に移動する。
次に彼らは視覚・聴覚・嗅覚・味覚・触覚の五感すべてを働かせて、自分たちの命を支えている食糧の在りかをつきとめる。哲学者中村雄二郎は、五感を貫き統合する根源的感覚のことを〈共通感覚〉と呼び、独自の哲学論を展開しているが、実をいえば〈共通感覚〉などは、先住民族が太古の昔から何ら意識することもなく使い古してきた感覚でもある。たとえば、漁にでるエスキモーも全身の感覚をインタープレーさせて、方向を定めるらしい。

感覚の断片化を知らないエスキモーの漁師は、視界ゼロの霧のなかでも危険な海岸に沿って容易に小舟を進めることができた。彼らは、風向き、霧の匂い、波の音、岩壁に巣をつくる鳥の鳴き声、小舟をうつ潮流のパターンといったさまざまな感覚的要素を総動員して、あやまたず村に到着する。こうした、日常の運動感覚の実践に支えられた五感のインタープレイのなかでは、いかなる感覚も疎外されることはない。エスキモーの格言に、「目だけにたよったハンターは手ぶらで帰る」というのがあるが、こうした表現は、人間の身体が、本来は微細なセンサーとしてすべての感覚に開かれていたことをしめしているのである。（今福龍太『野性のテクノロジー』）

〈共通感覚〉のおかげで、レーダーや無線がなくても、狩猟採集に出た彼らは進むべき方向も戻るべき方向も知っているのである。もしも文明の一方的な介入を受け、〈共通感覚〉が鈍るようなことがあれば、大切な獲物を逃し、木の実や果物を発見できず、やがて部族の存在理由《レゾンデートル》が消滅していくことになる。

〈野性〉の民といえども、生きているかぎり病気やケガをする。ましてや全裸同然で、毒虫や毒草だらけのジャングルや砂漠を歩きまわるのである。生命はつねに危険にさらされている。そういう状況にありながら、予防接種や抗生物質といった文明の恩恵がなくても、彼らは見事にサバイバルしてきた。それはどの動物のどの臓物が、あるいはどの薬草のどの部分が、どのような病気やケガに治療効果があるのか、彼らが知っているからである。先住民族の生活の中で、シャーマンの役割が欠かせなかったのも、彼らの治療に関する〈野性〉の知が他に抜きんでていたことが、その理由の一つである。

それに先住民族は文字を持たなかったが、自己の感情表現や意思の伝達には事欠かなかった。言葉のもつ霊力、つまり言霊《ことだま》を信じる彼らは、自己の意思と言葉の間に乖離がないことを非常に重んじたし、自分の思想や感情を表現したいときには、物語を語り聞かせ、歌を歌い、全身を揺らせて踊った。また遠方にいる人間に何かを伝えたいときは、大木の幹や根っこを太鼓のように叩いたり、ノロシをあげて、コミュニケーションの手段とした。

このように原始人の生きざまを伝え残してくれている先住民族の生活様式をいくらかでも垣間見るだけで、いわゆる文明が進化する以前の時代に生きていた人々も、自分たちのサバイバルに必要な知識は全部そなえていたことがわかる。その知識は人間の経験と直観に基づくものであり、スピノザの言葉を借りるなら、〈理性知〉ではなく〈感性知〉と呼ぶのにふさわしいだろう。

たとえ体中に入れ墨を入れ、一見、残酷な生け贄の儀式をもつ未開人であっても、彼らが先祖から受け継いでいる精神遺産には、おどろくほど深い知恵が含まれていたりすることをわれわれは謙虚に認めなくてはならない。ましてや先住民族を野蛮人のように蔑んだりするのは、文明人の甚だしい偏見であり、そのような偏見を改めないかぎり、いつかは彼らの〈感性知〉を学びとるために、われわれは三顧の礼をつくさなければならなくなるだろう。

むしろ洗練された文化や芸術を誇る文明人が、その長い歴史を通じて、異人種、異教徒などに対して残虐きわまりない搾取や殺戮を働いてきたことを思えば、どうやら「野蛮」の形容詞はみずからに振り向けたほうが、よさそうである。

## 〈野生の思考〉から〈野性〉的思考へ

先住民族が自分たちに与えられたものを最大限に活用しながら、厳しい自然環境の中で生き延びていくことができるのは、レヴィ＝ストロースがいうように、彼らが〈野生の思考〉を身につけているからである。それはロゴスにそって展開していく〈文明の思考〉とは異なり、現場で蓄積された経験と直観力に基づく、彼らなりの合理性のある思考法なのである。

レヴィ＝ストロースは、アマゾン川流域に点在する部族を訪れ、彼らが鋭い勘を働かせ、ありあわせの材料や道具を巧みに使って、暮しを成り立たせているのを観察しているうちに、〈器用人仕事《ブリコラージュ》〉という概念をも生みだすに至っている。物質的には未開生活であっても、そこには高い水準の社会組織と精神文化が成立しており、決して呪術や迷信に支配された無知蒙昧の民族ではなく、彼らの〈野生の思考〉がもつ合理性には近代世界に共通するものがあることを、レヴィ＝ストロースも認めざるを得なかったのである。

それまで迷信に満ちた呪術的世界に生きていると思われていた未開民族に、近代科学に先行する「第一の科学」が存在することに気づいたのは、レヴィ＝ストロースの慧眼によるものといえる。それにしても〈野生の思考〉という言葉のニュアンスから、構造主義の旗頭たるフランスの哲学者が、高度な文明をもつ欧米社会から未開部族を訪れたときに強いインパクトを受けたことが、容易に推測される。

ところで私は本書の中で、たびたび〈野性〉的思考という言葉を使うことになると思うが、それはレヴィ＝ストロースのいう〈野生の思考〉が進化したものと考えてもらってよい。〈野生の思考〉がもつ身体的な感覚に、より確かな知識と論理性がそなわったとき、近代文明人らしい〈野性〉的思考が成立してくるのであり、そこに新しい〈知〉のパラダイムが誕生してくるように思われるのである。

従来、頭の回転が早い者が秀才とみなされてきたが、私のいう〈野性〉的思考は情報処理能力の早さとは無縁である。つまり学校の成績の良し悪しと、〈野性〉的思考能力のあいだには因果関係がない。ほとんど学歴がなくても、みずからの〈野性〉的思考を武器に、創造的な生き方をしている人もいれば、博士号をもつほどの知識があっても、常識的発想の枠から一歩も出られないでいる人もいる。

もっとも〈野性〉的思考は、科学的知識を排除しない。知識は貴重である。昔から博覧強記というように、知的好奇心が強い者は、思考力にも優れ、必然的に知的生産においても他者を抜きんでるところがある。〈野性〉的思考を獲得するためには、一方では万巻の書を読破する気概をもちあわせ、また一方では多少の危険を冒してでも現場に出ていく大胆さがいる。ろくに本も読まない、フィールドワークもしないというようなことでは、二十一世紀の地球社会が求める〈野性〉的思考の達成はおぼつかない。

地球社会には、じつに多種多様の民族文化が存在する。ひとつとして同じものはない。いかに政治や経済の世界でグローバリズムの必要性が唱えられようとも、まるでサンゴ礁を泳ぎ回る熱帯魚のような、色彩豊かな民族文化の美しさを決して破壊してほしくない。それが旅をするたびに、私の胸に迫ってくる実感であり、諸文化間に何の優劣もなく、そのかぎりなき多様性こそ、人類の華だと思っている。

そしてこの民族文化の母体となっているのが、ほかならぬ〈野性〉的思考なのである。ふつうわれわれは文化といえば、建築、絵画、音楽や文学など、何か芸術性の高い創作を思い浮べる。たとえば日本文化といえば、とりあえず能楽や茶道、あるいは古い寺院建築や庭園などのイメージを抱くかもしれない。

しかし考えてみれば、それらの文化遺産は、その時代時代を生きた人々が、不便なものを便利にし、醜いものを美しくするために、限りなく試行錯誤し、考えに考え抜いた結果、ようやく一つの型（パターン）にたどり着いたものである。初めから完成されたものが、そこに与えられていたわけではない。したがって、われわれが貴重な文化遺産と理解しているものは、ひとつの時代を懸命に生き、考え抜いた人々の努力の結晶体であるといえる。人間は、日々に創意工夫して生きていく。そのプロセスでは、数えきれない失敗が繰り返されるが、活発で柔軟な発想力のあるところには、かならず〈野性〉的思考が大車輪で働いている。人間の有機的な思考力によって不断に消滅し、再生されていない文化は、それがいかに美しいものであっても、文化の抜け殻にしか過ぎない。

したがって国宝や重要文化財と呼ばれるものを維持することも大切かもしれないが、もっと大切なのは、われわれ自身が現代という時代において、新たな文化を創作し続けることではなかろうか。われわれが全身に汗水を垂らしながら思索することを止め、行動において怠惰となったとき、たちまち文化に停滞が起きる。

とはいっても、古いものを護持していくところにも、〈野性〉的思考が必要となるときもある。たとえば何百年という歳月を経た寺院建築を解体修理する場合、宮大工たちはできるだけ原型に近いものを復元するために、世々代々受け継がれてきた伝統的工法のみならず、現代建築学の知識をも取り入れながら、細心の注意を払って仕事に取り組む。これから先、数百年にわたる耐久性をもたせるために、その建物を作った先人たち以上にカンを働かせ、目に見えないところで非常な工夫を凝らす。そこに素晴らしい文化が継承されていくわけである。

反対に、一見新しいことに取り組んでいるようでも、それが組織の企画どおり、上司の命令のままにしか動かないとなれば、たちまち思考力は衰えてしまう。現場の一人ひとりに旺盛な思考力が働いているなら、計画案のうち何が有効で何が有効でないか、つねに自主的な点検が実行され、計画遂行のための方法がつねに塗り替えられていくはずである。

進取の気性がないところには、〈野性〉的思考は発生しない。しばしば怠惰な公務員に見出されるように十年一日のごとく前任者からの慣例を盲目的に踏襲するだけなら、そこにはまったく創造性が芽生える余地はなく、税金を食いつぶしながら、日本文化を抹殺していることになる。

ところで、〈野性〉的思考のひとつの特徴は、それが抽象的概念よりも、具体的イメージを生みだすことにおいて、卓越しているという点である。頭だけで考えているとイメージは湧きにくいが、そこに身体性が加わると、たちまち五感の刺激を受け、豊かなイメージが形成されてくるからである。どうも〈野性〉的思考は、スピノザの〈感性知〉と隣り合わせになっているようだ。

ロゴスを中心とした〈文明の思考〉を培ってきた欧米人が、形而上学的な論理構築においては断トツの強みを発揮するのとは対照的に、日本人は奥深いイメージ世界を築き上げる能力において卓越しているというのが、私の印象である。紫式部の『源氏物語』、世阿弥の能楽、長谷川等伯の水墨画など、いずれの世界も一歩踏み込んでいけば、とめどもない奥行きをもっていることに驚かされるのである。

したがって、日本からは世界文明に影響を与えるほどの哲学思想は生まれていないが、その文化遺産のイメージの豊かさは、世界に冠たるものがあるといえる。今でも世界的な活躍をする日本人で、建築家やデザイナーを職業とする人たちが多いのは、その名残であろう。

ところが、戦後の経済至上主義が、日本人のイメージ構築力を哀れなほど貧弱なものにしてしまった。国民の教育水準が高まり、「読み書き算盤(現代ならコンピューター)」ができる人間は増えたが、それに反比例して、現実を乗り越えるほどの強いイメージ力をもった人間が少なくなったことは、否定しがたい事実である。経済力と引き換えに、いつのまにやらイメージ貧乏になってしまった日本人の起死回生策は、果たしてどこにあるのだろうか。

## 甘え社会とモラトリアム人間

精神科医である土居健郎が日本人の心理傾向を「甘え」という言葉で特徴づけたことは

よく知られているが、「甘え」がひとつの国民性となるほど定着している社会は、自分の力で逞しく生きていく意欲としての〈野性〉が成長するには、アンラッキーな環境といえる。「甘え」はとかく軋轢が生じがちな人間関係に一種の潤いをもたらしてくれるが、その消極面は自我の健全な成長を遅らせたり、中途で停止させてしまったりすることである。

特に自我の成長を抑圧する「甘え」社会は、当然のことながらモラトリアム人間（猶予期間にある人間）を大量生産することになる。その言葉を日本で最初に紹介した、もう一人の精神科医小此木啓吾は、モラトリアム人間のことを、どの組織にも帰属感をもたない、万年青年的な心性の持ち主と定義づけている。つまり、オトナになることを拒否し、どういう形でも社会的責任という荷物を自分の肩にかつぎたがらない人間のことである。

本来は、モラトリアムというのは、いまだ心理的に未熟な青年たちに、社会的自我が確立するまで、さまざまな試行錯誤を許容する猶予期間のことを意味する。つまり失敗を恐れず、実験的な生き方が許される人間形成上の大切な時期である。ところが、それが無制限に延長されると、いつまでも自己のアイデンティティーが定まらず、自分の不遇を社会や周囲の人間のせいにしたりするような未熟なオトナができあがる。

最近の出版界では、威張るだけで中味のない上司と首尾よく付き合うためのハウツーものがよく売れると聞いているが、そのような事情からも、人間的に未熟な人物がいかに数多く管理職についているかが伺い知れるのである。「甘え」社会は、人間を成長させない仲良しクラブの性格をおびており、少しでも気骨のある人間は、ときに耐えがたい苦痛を強いられるのである。

昨今の日本に急増しつつあるフリーターと呼ばれる人たちも、モラトリアム人間の予備軍であり、その現象はもはや若い世代に限られるものではない。フリーターたちの中には、日本国内でアルバイトをしながら貯金し、ある程度貯まると、バックパックひとつを背負って、海外放浪の旅に出ていく人が多い。財布の底がついたら、また日本に舞い戻って、一時しのぎのアルバイトをするというわけだ。

私自身も年甲斐もなく、いまだにバックパッカーの一人なのだが、世界のどこに出かけても、ほとんど必ずそのようなフリーターに出会う。彼らは組織の奴隷になることを嫌い、自分の意志で自分の好きなことをしているわけだから、凡庸ならざるワイルドなライフスタイルを楽しんでいるような印象を受ける。少なくともパック旅行に加わって、パリ、ローマ、ニューヨークなどの有名ブランド店の前で長蛇の列をなしている小羊的日本人旅行者たちよりは、はるかに頼もしいにちがいない。

しかし、そのようなフリーターたちが、すべて〈野性〉的人間であるかといえば、残念ながら、そんなことはまずない。勇ましい冒険の旅の正体が、自分が自分らしく生きていく上で一度は対決しなくてはならない「狼」からの逃避行であったりすることがあるからである。

## 狼を食べてしまった豚の話

なぜ私がここでいきなり、「狼」という言葉を持ちだしたかというと、童話「三匹の子ぶた」のことを思い出したからである。この話には、いろいろなバリエーションが存在するのだが、一般によく知られている話では、狼に襲われた一番目と二番目の子ぶたが、三番目の子ぶたの家に逃げて生き延び、狼は煙突から落ちて死ぬ。しかし私が興味をもつのは、絵本『三びきのこぶた』(福音館書店)に紹介されている最も古い形の話なので、そのあらすじを紹介してみたい。

まず一番目の子ぶたがワラで家を作るのだが、狼がやってきて簡単にワラの家を吹き飛ばし、中にいた子ぶたを食べてしまう。二番目の子ぶたはやや頑丈な木で家を作るが、やはり狼がそれも吹き飛ばし、隠れていた子ぶたを食べてしまう。三番目の子ぶたは最も頑丈なレンガで家を作ったので、さすがに狼もそれを吹き飛ばすことができずに、さんざん苦労したあげく、怒って煙突から入っていく。

勇気あふれる三番目の子ぶたは、暖炉に大きな鍋をかけて、火をどんどん燃やし、狼がちょうど下りてきたときに鍋のフタをとり、狼をその中に落とし込んで煮てしまう。それで狼のシチューを作って、晩ご飯として食べてしまい、それから以降、三番目の子ぶたはずっと幸せに暮らしましたというのが、この物語の顚末である。ちょっと残酷な面もあるが、短いながらも、なかなか含蓄のある筋書きである。

さて、この物語を解釈する方法は幾通りもあるが、ここではワラ、木、レンガで造られた家を、自我の殻と理解してみたい。一番目と二番目の子ぶたは、十分に堅固な自我の殻を形成することができなかったので、狼の侵入を許し、その犠牲となってしまった。

では、狼は何を意味するのだろうか。それを自分自身の心の中に潜んでいる「影」、成長期における親の抑圧感、外部から襲いかかってくる社会的重圧など、さまざまなものに置き換えることができると思う。自我の弱い人間は、たいていそういう破壊的エネルギーの餌食になって、不幸な人生を歩んでしまう。

強い自我を育て上げていた三番目の子ぶただけは、狼の脅威に打ち勝ち、おまけにそれをおいしいシチューに料理し、自分の体内に栄養として取り入れてしまう。これはまさしく、心理学でいう意識と無意識の再統合であるが、現実でも人は自分がそれまで最も怖れていたものを、何かの拍子に味方に取り入れてしまうことに成功すると、とんでもない力を発揮することがあるものである。

人間という危なげな子ぶたも、大いに〈野性〉を発揮して、自己存在を脅かす狼と一度は対決し、それを捕まえて、煮るなり焼くなりして、喰ってしまわないことには、自我の確立はあり得ないのだ。さもなくば、たとえ地の果てにまで出かけていっても、腹の減った狼は旅する人みずからの「影」となって、舌なめずりしながら追いかけてくること請け合いである。

ここで再び話題をフリーターに戻せば、自我の成長と自己の能力を高めることは、表裏一体になっているように思う。外部の重圧に抑えこまれたまま、好きでもないことに頭を突っ込んでクヨクヨするのも意気地がないが、いつまでもフリーターをてらって、職業を転々と変え、自分の得意技が一つももてない人生もまた寂しい。

幼年期と老年期を除いて、人間はバリバリと働いてこそ、自分の魂を磨くことができるはずだ。かといって、リストラでやむなく職を失った人たちを責めるわけではないが、きわめて高度な専門的知識が要求される職業にせよ、家事や子育てに追われる主婦業にせよ、その道のプロとして自分を磨くすべを身に付けている人は幸せである。組織隷属人間が多い日本から、自由な生き方を選択する〈野性〉的人間がどんどん出てくることを祈るが、できれば「狼シチュー」で腹ごしらえしてから外に飛び出していってほしい。

## 「狼」を抱えたアメリカの底力

とかく平和ぼけしているといわれるノウテンキな日本人を、ワラや木で家を作って安心している子ぶたにたとえるなら、さしずめアメリカ人は、その危なげな子ぶた集団をねらう狼かもしれない。このような政治的に不穏当な比喩をすれば、諸方面からの顰蹙を買うかもしれないが、アメリカに十数年暮らしていた私は、決して否定的な意味でなく、むしろ積極的な意味で、アメリカ国民に「狼」の匂いをかぎとってしまうのである。

ふつうアメリカが世界最強の国となった諸要因としては、広大な国土と豊かな天然資源、早くからオートメーション化された生産現場と移民の大量流入による安価な労働力、空前の盛況をむかえた株式市場と世界に先んじるIT産業、さらに強力な政治的リーダーシップと、それを背後から支える圧倒的な軍事力などが指摘される。しかしもう少し精神思想史的な観点からみれば、あの国の実力は高度な文明を発達させながらも、いまだに「狼」のように逞しい〈野性〉を維持している、その国民性にあるのではないかと推察されるのである。

アメリカは自由社会であるぶんだけ、個人間および組織間の競争が激しく、誰もが生き残りにしのぎを削る。社交マナーとしての遠慮深さは称賛されるかもしれないが、生きていく上で謙譲の美徳が評価されるほど甘い社会ではない。競争の原理は、人々を勝ち組と負け組とに明確に区別し、そこに著しい貧富の差をもたらすことになる。宮殿のごとき大邸宅に住む富豪が数多く存在する一方で、国民の八人に一人が、毎日の食料にも事欠き、医者にもかかれない貧困層に属している。誰もそんな惨めな負け組に押しやられたくないから、時にはエゴを剝き出しにして、闘争心を燃やし、競争に挑む。いやがおうでも「理性的動物」の動物的側面が、前面に押し出されてくるわけだ。

住環境ひとつをとりあげても、アメリカは日本などとは比較にならないほど豊かな国だが、目に見える豊かさとは裏腹に、孤独感に陥りやすく、じつにストレスの多い社会でもある。その証拠に五人に一人のアメリカ国民が、専門家の治療が必要となる程度の何らかの心身症を患っているという、政府による調査結果が出ているぐらいだ。

アメリカの産業や学問研究が世界をリードするほどの実力をもつ理由のひとつは、それほどシビアな競争にさらされながら、多くの人々が真剣に努力しているからである。今まで圧倒的な数のノーベル賞がアメリカ人に授与されてきた事実も、それだけオリジナルなアイデアの持ち主が多いことを示している。創造的であるためには、人間はある程度、厳しい境遇の中に置かれて、切磋琢磨される必要があるようだ。そのような環境では、いやがおうでも〈野性〉的思考能力が身に付くわけである。

ノーベル賞を独り占めしそうな気配のアメリカ人が、オリンピックのたびに大量のメダルも掻き集めていく。そのうちに、ノーベル賞と金メダルの両方を手に入れる人物が出現してこないとも限らない。私がプリンストン大学で教鞭をとっていた時も、上位成績組の中に、フットボールや野球のエースが含まれていることが、よくあった。

それほど優秀なスポーツ選手を輩出する背景には、アメリカ人のアウトドア志向のライフスタイルがある。環境的にも恵まれているせいだが、年齢にかかわらず、人々はさまざまなスポーツに興じる。私のいう肉体主義を、ごくふうつに誰もが実践しているお国柄なのである。

おまけに広い空間があるおかげで、通勤圏内でも自然の中に溶け込むような暮しができる。仕事帰りに赤提灯に立ち寄るよりも、緑に囲まれた我が家に戻って、庭の手入れでもするほうが、よほど健康的である。狭い都市空間にひしめき合って暮らす日本人と異なって、アメリカ人はそれだけ自然に親しみ、より身体的な生き方をしているといえよう。

このように動物的な闘争心を煽る競争の原理と、行動的なライフスタイルが相まって、アメリカ人の〈野性〉促進に貢献しているようである。そしてそれが直接間接に、今や唯一の超大国の座に伸し上がったアメリカという若い国の活力の大きな要素となっているといえよう。

## 人工国家シンガポール

アメリカの話をしたので、私が最近まで暮らしていた国シンガポールについても、少し触れておきたい。シンガポール国民の生活水準は、他の東南アジア諸国のそれと比べて、断トツに高い。治安の良さ、日常生活の快適さなどの点においても、他の多くの先進国をはるかに凌ぐであろう。おまけに都市計画が行き届き、矛盾する表現であるが、計算されつくした「人工的な自然美」が町の隅々まで広がっている。日本の殺伐たる都市風景を見慣れた日本人観光客は、チャンギ国際空港から町の中心部のホテルにいたるまでの高速道路が、見事な緑に包まれていることだけでも、思わず感動してしまうのではなかろうか。

マレーシア連邦から独立して三十数年しか経っておらず、しかも淡路島ほどの面積しかもたない国家が、ここまで成功を収めたことは、文句なしに称賛に値する。建国の父リー・クワンユーとその後継者たちは、典型的なエリート主義を強力に推し進めることによって、短期間にシンガポールを世界有数の文明国に仕立てあげることに成功したのである。

シンガポールはマルチ文化国家であることを標榜している。実際に、中国人、マレー人、インド人が喧嘩もせず平和に暮らしているし、仏教、キリスト教、イスラム教、ヒンズー教などの信者たちが反目しあうこともない。これはお隣のインドネシアなどが、大いにお手本とすべきシンガポールという国の美徳である。

毎年何十万人という人間が海外旅行に出かけていくにもかかわらず、英語を使いこなせる人間が極めて少ない日本とは異なり、国民の大半がバイリンガルであるというのも素晴らしい。もっとも彼らの使う英語は、シングリッシュと呼ばれる訛りの強い特殊な英語なのだが、それでもコミュニケーションの手段として立派に通用しているから、欧米の企業も大多数がアジアの拠点をシンガポールに据えようとするのである。

かつてリー・クワンユーは、ジャンボ機一機に乗せられる優秀な人材があれば、この国は十分にやっていけると発言したことがある。そのような少数精鋭主義を全面におしだす国策のもと、高校を卒業した時点でトップクラスの学生は、国や企業から奨学金を受けて、欧米の名門大学に派遣されていく。彼らは留学先でも大いに学業に励み、帰国後は、文字どおり国の頭脳となって活躍するわけだ。ちょっと、明治期の日本を思わせる光景である。

しかし、いいことばかりではない。とくに野性を育むという観点からは、シンガポールは日本とは違った意味で、あまり理想的な環境ではないかもしれない。すみずみまで管理された社会では、どうしても国民の政府への依存心が強まり、自主的な発想が芽生える機会が極端に少なくなってしまうからだ。

人間が確かな生の喜びを感じるためには、社会があまりにも混乱していても困るが、ある程度、広い野に放たれて、そこでめいめいが創意工夫し、サバイバルしていく精神的空間があることのほうが大切なように思われる。シンガポールを一歩出てみれば、すぐに分かることだが、東南アジアでは、まだまだインフラが整わず、日常生活で不自由をきわめる国が大半である。ところが不思議なことに、より貧困で不便かつ不衛生な国の国民が、豊かなシンガポール人よりもはるかに屈託のない笑顔を見せ、生き生きと暮らしている場合が少なくないのである。

二十一世紀もシンガポールは東南アジア諸国のトップランナーとして、大いに発展していくにちがいないが、多くの親しい友人がいるこの国で、人間の生き甲斐の源泉であるはずの野性的創造性を人々がいかに回復させていくのかを、私は固唾をのんで見守っている。

## 高度文明化社会こそ〈野性〉が必要

産業構造が急速にグローバル化している現在、リアルタイムで世界の情報を獲得しなければ、ビジネスが成り立たなくなっている。私の実感では、社会のＩＴ化ということに関しては、シンガポールはアメリカよりも、ずいぶん進んでいるようだ。たとえば国立シンガポール大学では、単位登録や教室の割り振りなど、ほとんどの業務がコンピューター化されていて、事務局から教官や学生への情報も書類ではなく、イントラネットで伝達されるようになっている。

アメリカやシンガポールと比べて、何かにつけ反応の鈍さが気になる日本でも、ようやくＩＴ革命の到来が官民あげて叫ばれるようになった。形式ばった書類を各部局にたらい回しして、三文判を収集して回るような悠長な時代に、日本だけが留まっているわけにはいかないのだから、できるだけコンピューターの機能を活用して、なすべきことを次々と迅速に処理してもらいたいものである。

国民の精神衛生のためにも、地球資源の保護のためにも、まわりくどい表現の文章が長々と書かれた書類を印刷したり、コピーしたりする行為は罰金刑の対象にするというぐらいの国会決議を出してほしいのだが、いかんせん、用意された原稿の棒読みを職業としている日本の政治家が一番こういうことに疎いのだから、あまり現実的な希望ではない。

情報の命はスピードの速さにあるのであり、紙に印刷して回覧しているうちに、情報の価値が半減してしまうのである。そして古い情報というのは、一種の産業廃棄物であり、その膨大な情報量をなるべく貯め込まず、すみやかに処理するためには、必要期間だけインターネット、イントラネット、Eメール上を走らせておき、用済みとなればマウスをクリックしてデリートするのが最も効率がよい。

そのように私自身もIT化積極推進派の一人なのだが、そういう高度情報化社会のご時世だからこそ、私は肉体主義や〈野性〉の回復をよけい声高に主張したいのである。最新の電子機器が、日進月歩の勢いで開発され、現代人の生活はどんどん便利になっていく。それはそれで結構なのだが、ちょっと気になるのは、人間の使う道具が進化するにつれて、この生身の肉体に複雑な感性を抱え込んで生きている人間の居場所がなくなってきたことである。

とくに私の危惧の念が深まったのは、肉体ばかりが頑強そうで、ほとんどなんの聡明さも感じさせることのない時の総理大臣までもが、IT革命とか情報化社会とかいう言葉をしきりと口にするようになってからである。恐らく官僚の入れ知恵を鸚鵡返しに繰り返していただけなのだろうが、情報技術を社会の隅々まで普及させることによって、そこに暮らす人間の精神と肉体がどのようなインパクトを受けるかということまで思慮を及ぼしているとは、とうてい思えなかった。

情報はパソコンのマウスをクリックすれば、洪水のように押し寄せてくるが、それをいくら大量に集めたところで、悩める人間の魂を救ってくれることはない。ネットの情報は、それがいかに真に迫ったものであっても、畢竟、バーチャルリアリティであり、本来は一心同体であるはずのアタマとカラダを仲たがいさせ、私たちの魂をひどく混乱させてしまう危険性だってあるのである。

しかし、よくよく考えてみれば〈野性〉というものも、われわれの肉体に埋め込まれている一種の情報なのかもしれない。ただインターネットを通じてやってくる情報と異なるのは、それが気の遠くなるような長い時間をかけて、血と涙を流しながら人間が体を張って学びとったものであり、時代を超えて、われわれ一人ひとりの生き方に深くかかわってくる情報であることだ。

情報と〈野性〉の関係は、意識と無意識の関係と同様に、一方を肯定して、他方を否定するわけにはいかない。しかし、最近のようにグローバルな規模でＩＴ革命の大合唱がはじまると、一種の全体主義めいた異様さが漂うのである。意識が無意識を抑圧してしまうと、さまざまな精神症状が出てくるように、情報礼賛のあまり、人間の〈野性〉を駆逐してしまうと、アナログ的な感性・感覚がまったく麻痺したデジタル人間が、社会に溢れることになってしまうだろう。

そのような事態を招かないためにも、ＩＴ革命の波が津波のように押し寄せている現在、われわれの〈野性〉回復は、緊急を要するものと考えてよい。そのような展望にたって提起したいのは、二十一世紀の〈野性〉的人間像とは果たしてどういうものであろうか、ということである。

そのヒントを得るために次章で取り上げてみたいのが、過去の歴史において、古い常識の殻を大胆に打ち破り、来るべき時代に先駆けて、個性豊かな生き方をした〈野性〉的人間たちの姿である。

# 第三章　〈野性〉的人間像を求めて

## 1　織田信長の決断力

### 破壊のない創造はない

〈野性〉的人間像といっても、一定の型があるわけではない。あえて共通点をあげれば、常識を乗り越えるだけの柔軟な発想力と、それを実行に移す果敢な行動力を兼備していることぐらいだろう。だからここで取り上げる五人は、あくまで参考程度にすぎず、個性の数だけ〈野性〉の実践方法があることを最初に強調しておきたい。

さて〈野性〉的人間像の筆頭にあげるのが、織田信長（一五三四—八二）である。彼は一言でいえば、狂気の人であった。自分に従う者は、出身門閥など一切考慮に入れることなく重用し、逆らう者は冷酷きわまりない方法で殺した。とくに宿敵であった朝倉義景と、彼と組んだ浅井久政・長政父子を討ち取ったあと、彼らの首級を漆で固めた上で、金泥を塗り、正月の宴で酒肴としたという話は有名である。

まず当時の社会状況からいえば、少しでも敵対する者、あるいはその可能性のある者を根絶やしにしないことには、自分の寝首が掻かれるというのが、当然の常識であった。そのように自己の権力拡大のためには手段を選ばずというのが、多かれ少なかれ下剋上の世に生きた戦国武将の処世哲学であったにしても、信長はケタ外れに暴君であったといってよい。

しかし、彼がどれほど残虐な一面をもっていたからといって、彼の存在がまったく悪徳に満ちたものであったわけでない。彼の狂気じみた性格は、心理学的に詳しく分析すれば、遺伝的なものや幼少期の体験が大きくかかわっていることが明らかになってくると思われるが、そのような性格をもった為政者が十六世紀の日本に出現するには、それだけの歴史的必然性があったのである。

私は信長の日本史への貢献は、まずその破壊力にあったと考えている。われわれは「破壊」という言葉に、否定的なニュアンスしか感じないが、本当のところは「創造」には必ず「破壊」が先行しなくてはならない。古い価値観や制度に新しいものをつぎ足すのは、「手直し」であって、「創造」ではない。厳密にいえば、「破壊」のない「創造」はないのである。

たとえば、山を切り開いて道路を作るとき、とてつもなく大きな岩に出くわしたとする。

それを爆破するのはダイナマイトであるが、信長は日本という国が中世から近世へ移行する道筋に横たわっていた巨岩を、木端みじんに破砕し得た唯一の権力者であった。その巨岩に仕掛けられたダイナマイトが大爆発を起すとき、そこに残虐性が付随していたことも、ある程度は避けがたかったのかもしれない。

ところで、私がここで巨岩に喩えたものは、中世的蒙昧にほかならない。応仁の乱（一四六七）以降、戦国大名たちの盲目的な権力闘争は、果てしなく続き、社会全体を崩壊寸前にまで疲弊させていた。権力を阻止できるのは、ひときわ大きい権力しかない。信長が見せた残虐性は、人道的立場からは厳しく批判されるべきだろうが、類い稀な決断力で中世社会の病巣を一刀両断した彼の歴史的役割は、正しく評価されなくてはならない。

彼の強引ともいえるリーダーシップがなければ、日本は群雄割拠する権力者たちが繰り広げる修羅場と化し、中世の闇に閉ざされたまま、彼が登場してから約三百年後に成立することになる近代国家の基盤を、いつまでも築きはじめることはなかったにちがいない。大文明国であった中国の近代化が遅れ、不幸にも帝国主義的イデオロギーをもった列強の餌食になってしまった一つの理由は、巨大な宮廷社会を中心に巣くう中世的蒙昧を一気に破壊することのできる信長的リーダーが、いつまでも出現することがなかったからかもしれない。

## 妄想共同体の破壊

中世的蒙昧のもう一つの要素は、宗教であった。一方では平安時代後期から着実に封建領主化していた権門寺院が、僧兵たちの武力を背景に荘園を拡大し続け、権勢をほしいままにしていた。またその一方では、過酷な年貢をとりたてようとする封建領主への怒りが、一向宗の信者たちを暴徒化させ、十五世紀後半、手のつけようのない農民一揆が各地でピークに達していたのである。そのいずれのグループにも属さない人々も、僧侶たちが説く怨霊や地獄を極端に恐れただけでなく、土地に伝わるさまざまな俗信に惑わされ、ほとんど精神的金縛りにあっていた。日本だけでなく世界史に共通した現象であるが、中世的社会における宗教の重みには、万人に侵しがたいものがあったのである。

世俗化した仏教を中心に日本全体がひとつの妄想共同体になっていたといってもよいが、時代からかけ離れた合理的思想の持ち主であった信長は、その妄想を何のためらいもなく粉砕した。信長を至近距離から観察していた宣教師フロイスは次のように記録している。

……神及び仏の一切の礼拝、尊崇、ならびにあらゆる異教的占卜や迷信的慣習の軽蔑者であった。形だけは当初法華宗に属しているような態度を示したが、顕位に就いて後は尊大にすべての偶像を見下げ、若干の点、禅宗の見解に従い、霊魂の不滅、来世の賞罰などはないと見做した。(『日本史』)

神仏のタタリを人々が何よりも恐れたがゆえに、アンタッチャブル(不可触)の世界となっていた宗教に大ナタを振るうためには、信長の狂気めいた破壊力がどうしても必要だったのである。信長は二条城建築の際も、工事用の石が不足したときは、付近の寺の石仏を縄でしばり、人夫たちに運ばせたといわれているが、それを見た庶民の驚愕はいかばかりのものであったろうか。

信長といえば、たいていの人は彼の延暦寺焼き打ち(一五七一)を思い浮かべるだろう。信長と敵対していた越前の朝倉義景に与《くみ》した延暦寺が、彼の恨みを買ったのである。当時、延暦寺は日本最大の荘園領主であったが、信長は寺から奪い取った領地を返還することを条件に、朝倉軍に反旗をひるがえすか、中立の立場を守るか、どちらかを要求した。

それが拒絶されるやいなや、信長は堂塔伽藍のみならず、そこにあった教典や宝物の一切を焼き尽くし、二千人近くの人間を殺した。その中には、僧侶ばかりか、寺内に住んでいた女性と子供が含まれていたという。今でも奥比叡の黒谷青龍寺を訪れると、その参道の両わきに小さな五輪塔が累々と並ぶが、それは当時、信長軍の刃に倒れた人々の墓である。長島一揆（一五七四）や石山戦争（一五七〇―八〇）を引き起こした一向門徒に対しても、信長は延暦寺のときと同様、ネズミ一匹逃さぬという徹底した掃討作戦によって、残虐な殺戮を繰り返している。まさに狂気の沙汰である。

しかし、奈良時代から営々として築きあげられた仏教寺院の強固な権力基盤を破壊するには、日本の歴史は信長という一個の狂人を登場させざるを得なかったのである。そうでなければ、宗教を中心とした妄想共同体が、古い封建秩序の中で温存され、日本人がいつまでも中世の暗闇の中にさ迷い続けた可能性は高い。

もっとも仏教寺院を次々と破壊する一方で、信長は新来のキリスト教に対しては、安土城下にセミナリオ（神学校）を建てさせるほどの保護政策をとった。まったくの宗教否定論者ではなかったわけである。もちろん、そこには天下統一に向けて、ますます増えつつあるキリシタン大名を味方に取り入れることと、キリスト教の影響を強めて保守勢力の中枢であった仏教寺院を押さえ込むという二つの戦略的理由があったことはいうまでもない。

しかしそれとは別に、キリスト教宣教師たちが情熱をもって語るまったく未知の宗教思想と、それを媒体として流入する西洋の文物に、信長は強い興味を示したのである。古い体制を破壊し尽くすというシビアな歴史的使命を背負っていた彼は、従来にない国造りを実現するために、新しいコスモロジーを本能的に模索していたのではなかろうか。

## 信長の近代感覚

行く手を阻む中世的蒙昧の破壊に成功した信長は、爆音をたてて進むブルドーザーのように、近世への道を一気に切り開いた。戦場では野蛮ともいえる振る舞いを見せる信長であるが、ひとたび治政に向かうと、近代的感覚すら感じさせる知的な輝きが、彼の体から放射されてくるのである。信長と同時代に生きた人々は、彼の破壊力を恐れつつ、斬新な政策を次々と実行に移す彼の決断力に、大きな希望を抱いていたはずである。〈野性〉的人間像としての信長の本領が発揮されるのは、やはり破壊面よりも創造面である。

信長の画期的アイデアの中で最初に指摘したいのは、人材起用における徹底した能力主義である。今からは想像できないほどの階級社会にあって、彼は門閥など眼中におかず、能力のある者を大胆に抜擢し、相応の地位に据え付けた。草履取りであった秀吉の異常な出世ぶりは、その典型である。

それに信長は、戦国武将の中ではじめて兵農分離策を選択した。合理主義者の彼は、より効率のよい戦術を展開するためにはプロの兵隊を養成することの必要性を早くから察知していたと思われるが、それと同時に生産者としての農民を疲弊させることへの危惧の念があったのであろう。

信長は柴田勝家に知行《ちぎょう》させた越前国において、九箇条の掟を発令しているが、その第一条が「国中へ非分の課役申し懸くべからず」となっているのは、これ以上、農民を苦境に押しやれば、一揆などを誘発することになり、社会不安が高まることをじゅうぶんに承知していたからである。

また各地の大名を屈服させるたびに、彼らの重臣が城主となっていた支城をつぶす城割りを実行した。これは大名のみならず、在地領主の権力をそぐ上で、非常に効果的な政策であった。微にいり細にいり、信長の治政におけるその深慮遠謀ぶりは、のちに登場することになる徳川家康以上だったかもしれない。

彼は国内経済を発展させる重要性についても、しっかりと認識していたらしく、つぎつぎと革新的経済政策を打ちだしている。たとえば、それまで各大名の領国内に限られていた商品流通を全国的な規模に広げようと、道幅拡大や今でいうバイパスづくりをして、交通路を整備し、自分の分国内にある関所を完全撤廃した。関銭は、旅行者や商人に大きな負担となっていたため、これだけでも民衆の心をとらえるのに十分な勇断である。今でいえば全国の高速道路料金所を廃止するようなものだが、おそらく流通機構へのインパクトは関所撤廃のほうが大きかっただろう。

さらに物々交換を禁止し、撰銭令《えりぜにれい》を出して良銭と悪銭を選別し、貨幣価値の統一を図った。また当時は、まちまちの大きさの枡が使われていたが、京枡を公定枡に認定し、計量に不正がないようにした。このへんは徹底した合理主義者だった信長の面目躍如といったところである。

自分の城下町である安土では、さらに思いきった政策を実行し、不動の地位を築いていた伝統的座商の特権を奪い、誰でも自由に取引きできる楽市楽座制をしいたりした。しかも、町の住人には普請役や伝馬役を免除し、城下町の人口増大に努めたのである。

安土・京都間の要衝の地である大津と草津に加えて、商業都市堺をいちはやく直轄地として、貿易による収入源を確保するのみならず、商業活動を通じて全国から流れこんでくる情報の収集を怠らぬようにした。戦国時代に衰えてしまった瀬戸の陶器産業を復興したのも、彼の功績である。

もちろん、信長がやろうとした政策には不徹底なものが多く、秀吉の代になってから本格的に動きだしたものもあるが、それにしてもこれだけの画期的なアイデアを約二十年間という短期間に次々と実行に移そうとした信長の頭の回転の早さと決断力には、舌を巻かざるを得ない。

そもそも信長が、天下統一に向けて、いくつもの重要な戦に勝利を収めることができたのも、彼の逆転の発想によるものである。今川義元の大軍を破った桶狭間の戦い（一五六〇）は、少人数による奇襲攻撃によるものだし、長篠の戦い（一五七五）では大量の鉄砲を効果的に使用している。当時の鉄砲は、一発撃つと次の弾を装着するまで少なくとも三十秒かかったらしいが、信長はその時間的ロスを補うために、三挺一組の鉄砲隊を編成したのである。そのため信長以降、日本の戦闘は従来の騎馬武者を中心とした個人戦から、足軽中心の鉄砲隊や長槍隊の集団戦法に切り換えられることになった。

一度は破れた強敵毛利水軍に対しては、九鬼水軍に当時の造船技術からは想像もできない甲鉄船を造らせ、雪辱を果たしている。その船を設計したのも信長自身であるが、彼は歴史に残る革命的戦術を矢継ぎ早に打ちだしていたのである。

(信長は）極度に戦を好み、軍事的修練にいそしみ、名誉心に富み、正義において厳格であった。彼は自らに加えられた侮辱に対しては懲罰せずにはおかなかった。幾つかのことでは人情味と慈愛を示した。彼の睡眠時間は短く早朝に起床した。貪欲でなく、はなはだ決断を秘め、戦術にきわめて老練で、非常に性急であり、激昂はするが、平素はそうでもなかった。彼はわずかしか、またはほとんどまったく家臣の忠言に従わず、一同からきわめて畏敬されていた。(フロイス『日本史』)

学問をつんだわけでもない信長が、戦術だけでなく、施政面のあらゆる分野において斬新な発想を持ち得たのは、厳密にいって謎である。画期的政策を建言する啓蒙的な側近が、彼の周囲にいたという史実も特に伝わっていないから、やはりその発想力は、信長個人のものと考えてよさそうである。

## うつけ者だった信長

武田・上杉・毛利のように、はるかに強大な戦力をもつ大名たちすら成し遂げることのできなかった天下統一をほぼ実現した信長であったが、その出発点では、かなり惨めな状況に置かれていた。急死した父信秀から十八歳のときに家督を受け継いでいるが、当時、彼の家門は尾張を支配する二つの織田氏本家に睨まれていただけでなく、隣国には「美濃のマムシ」という異名をとった辣腕の大名斎藤道三《どうさん》が控えていたため、その存続さえ危ぶまれていたのである。にもかかわらず、信長は無謀なほどの決断力と実行力を発揮して、徐々に尾張一円を治め、やがて仇敵の今川義元を桶狭間で破り、戦国大名としてのしあがってきたのである。

しかし青年時代の信長は、うつけ者と呼ばれるほど、奇行愚行の人であったため、誰も彼の未来に期待を寄せていなかった。「うつけ」とは愚か者という意味だが、彼の常識はずれの行動に愛想をつかして、他家に籍を移す家臣さえいたという。一説によれば、信長の後見人であった平出政秀も、彼の非行ぶりに絶望して自害したとされている。

太田牛一の『信長公記』によれば、信長は毎日のように城を飛び出して、乗馬、水泳、鷹狩り、茶の湯、相撲などに興じ、しばしば家来の肩に寄り掛かって歩きながら、口に物をほうばり、だらしなく城下町をふらついていたという。特に父信秀の葬儀に、喪主であるにもかかわらず正装もせず、腰に巻いた荒縄に刀を差して現れ、立ったまま仏前に向かい、抹香を投げつけて去ったエピソードは有名である。

このような話がどこまで史実なのか確かめようがないが、私は信長という人物を理解するためには、彼の青年時代における「うつけ」ぶりを看過するわけにはいかないと考えている。型にはまることを極端に嫌い、荒馬のように暴れ回る。そのことは社会的規範という観点からは問題であるにしても、彼が人並み外れた生命力と独立心をもっていたことを物語っている。

現代の非行少年の中にも、深刻な問題を抱えながらも、潜在的には独創的な能力をもっている人材が必ずいるはずである。親や教師に従順であり、真面目に勉強に励む若者は、誰からも褒められもし、好まれもするが、彼らが成長して、古い価値観に挑戦するほどの気概をもつオトナになるかどうかは、大いに疑わしいのである。

ましてや時代の流れを変えてしまうほどの大きな仕事を成し遂げる人間が若いうちから、ただ単に真面目であったり、秀才であったりすることは、まずないのではなかろうか。彼らの体から溢れ出る〈野性〉が、とくに思春期の情緒不安定な時期に、いささか羽目を外した行動を招くことになっても、いつ芽生えるか分からない彼らの潜在的な能力まで否定してしまう権利を、われわれオトナはもたない。

## 新しいリーダーシップへの渇望

われわれは戦後五十年あまりの常識にすら金縛りになって身動きがとれないでいるが、五十年しか生きなかった信長は、自分一人で数百年ぶんの常識を一気に破壊してしまったといえる。そのような信長の強いリーダーシップへの羨望と畏敬の念を禁じ得ないがゆえにこそ、小説にせよ、テレビドラマにせよ、信長を主題とした作品は、いつでも大いに人気を博するのではなかろうか。

しかし、われわれ庶民とても、まったくの愚か者ではない。それなりの学校教育も受け、メディアを通じて情報もふんだんに吸収しているのであるから、これからの日本が何事にせよ従来のやり方だけでは、とうていやっていけないことを知っている。ましてや深刻な不況や高い失業率という現実的問題を鼻先に突きつけられているのだから、古い日本が新しい日本へ脱皮してほしいという強い気持ちは、誰にでもある。

私はよく思うのだが、いまの日本は山手線の電車のようなものだ。どこの駅のプラットフォームに立っていても、間違いなく二分刻みに、いかにもメタリックな四角い電車がやってきて、目的の駅まで迅速かつ安全に移動させてくれる。その混雑ぶりは、非人間的でさえあるが、ともかく便利である。

長い電車の各車両にモーターがついているおかげで、効率よく、相当のスピードで走っていく。その運転もコンピューターでよく制御されていて、ほとんど事故もない。技術的には無人化さえ可能なはずだから、多くの人命をあずかる職業ながら、運転手にさして高度な技術が要求されているようにも思われない。

それと同じように日本という高性能の通勤電車の運転席に座る総理大臣も、たびたび交代しても何の差し支えもなければ、きわめて愚かな失言を繰り返すほどの人物であっても充分に務まってきたのである。もう少し皮肉な言い方をすれば、日本のリーダーシップは、ちょっと動物園のお猿の電車に似たところがある。運転席のお猿さんは、適当に愛想がよければいいのであって、同じところをグルグル回っているわけだから、舵取りをする必要もない。むしろ下手に舵取りされては困るのである。国民の教育水準が低い国では、そうはいかない。リーダーが力強い電気機関車のようにグイグイと国民を引っ張っていかなくてはならないからだ。

最近は民間企業でもいろいろと不始末が起きるたびに、そのトップが、自分は何も知らされていなかったと言いわけして顰蹙を買うことが多い。しかしその裏を返せば、社長が左団扇で現場まかせにしておいても大丈夫なほど、末端社員まで労働の質が高いという基本的事実があるからである。それほど日本という国の通勤電車は、性能がいいのである。

しかし、急速にグローバル化しつつある国際情勢は、もはや日本に「お猿の電車」型リーダーシップのもと、古い常識というレールの上をコトコトと走り続けることを許さなくなってしまった。二〇〇一年四月、自民党の派閥の論理が以前のようには通用せず、最も意外性の大きい小泉純一郎氏が首相に選ばれることになったのも、国民の間に新しいタイプのリーダーシップへの期待が、相当に高まっていたからではなかろうか。

閉塞感を漂わせる政界にあって、小泉氏は「変人」というあだ名がつくほど、常識人のイメージからいちばん遠いところにいた政治家であったことが、幸いしたのかもしれない。

彼の指導力は、まだ未知数であるが、その未知数の部分が多くの国民にとって、かえって新鮮に映ったのである。

ところがもし、小泉氏が国民の期待を裏切って、旧態依然とした政治路線を歩みだしたとしたら、それはある意味で、とても危険なことかもしれない。国民の政治不信が、あまりにも極端なものになってしまうと、いかに平和日本といえども、その政治的空白に乗じて、極端なイデオロギーをもった政党もしくは権力者が出現してこないとも限らないからである。世界のリーダーの中にも、どうも「良い信長」と「悪い信長」がいるように思えるのだが、願わくば平成日本に後者の出番がないことを祈るばかりである。

いくら時代が変わっても、リーダーシップには決断力が不可欠であることはいうまでもないが、現代の民主主義社会で信長型の独裁的リーダーシップが通用するはずもないし、させてもいけない。これからは個人ベースではなく、小集団ベースのリーダーシップが発揮される時代になるだろう。そのようなとき、政党や企業、あるいは大学など組織内の志あるメンバーが旺盛な〈野性〉を共有しあいながら、古い体制に温存されている蒙昧に立ち向かってゆく勇気を持つことができたなら、素晴らしいことだと思う。

## 2 坂本龍馬の行動力

### 歴史が節目を迎えるとき

現存する社会の枠組みに従順であるかぎり、人並み優れた才覚と情熱があれば、一定の社会的地位を確立できる。それは努力して教養と経験をつみ、複雑な人間関係の重圧に耐え抜いた者へのインセンティブである。世俗的成功を勝ち取りたければ、既存の価値体系に挑みかかることのリスクを知り、その枠内で優雅に泳ぎ回る常識人に徹するのが賢明である。だから官公庁の管理職とか企業の役員は、優れて垢抜けした常識人である場合が多い。

建前では社会常識を尊重しながらも、本音では常識に拘泥する形式主義にすっかり辟易してしまっているのが、現代日本人ではなかろうか。常識を頭から悪者と決めつけるわけではないが、あまりにも常識の層が厚くなりすぎたり、固定化されてしまったりすると、人間の生命活動を息苦しくしてしまうのである。その息苦しさを、もはや理屈ではごまかし切れず、肉体そのものが本能的に跳ねのける瞬間がある。そして、それが歴史の節目になるといえよう。

平成日本に生きるわれわれが、果たしてそのような歴史の節目を迎えることになるのかどうか。その判断は読者に任せることにして、私がここで取り上げてみたいのは、幕末の日本である。三百年間続いた幕藩体制というのは、その時代を生きていた人々にとっては岩盤のように不動の存在だったはずだが、地方出身のごく少数の若者たちが、徳川幕府をひっくり返し、おまけに新しい国家まで作ってしまったことを、われわれは知っている。このことは、歴史がその流れを大きく変えるとき、つねに信長ふうの強大な権力者を必要とするわけではないことを物語っている。

政治はいつの時代にも演劇性をおびているが、この時期、日本で演じられた政治劇が、格別見ごたえのあるものだったことに議論の余地はない。その劇の立役者はどの一人を取り上げても、じつに〈野性〉に溢れているのだが、ここで注目したいのは、郷士《ごうし》という、自分の藩主にもまみえることのできない一介の下級武士の身分でありながら、日本の未来像を心の中に描き、それを現実の世界に実体化させてしまった男、つまり坂本龍馬（一八三五―六七）である。

歴史家でもないかぎり、われわれの大半が抱いている龍馬像は、司馬遼太郎の『竜馬がゆく』に負うところが大きい。司馬は非常な勉強家で、フィクションを書くときも徹底的に史実を調べ上げたから、そこに描かれている龍馬像も、まったく虚構ではあるまい。その彼が小説のあとがきに、龍馬の人となりを次のように総括している。

竜馬のおもしろさは、そのゆたかな計画性にあるといえるだろう。幕末に登場する志士たちのほとんどは討幕後の政体を、鮮明な像としてはもっていない。竜馬のみが鮮明であった。そういう頭脳らしい。国家のことだけでなく、自分一代についても鮮明すぎるほどの像をもっている。海運と貿易をおこし、五大州を舞台に仕事をするということである。このふたつの映像を自分において統一していた。討幕回天の運動と海運、海軍の実務の習得というふたつの方向を、まったく矛盾させあうことなく、一つの掌《たなごころ》のなかでナワのようにないあげて行った。竜馬の奇妙さはそういうところにあるであろう。

幕末のように社会全体の政治的エントロピーが高まっているときには、倒幕、尊王、攘夷、あるいは開国など一定のイデオロギーに凝り固まる人間が続出しやすくなる。現に佐幕派にも倒幕派にも狂信主義者が大量に生まれたために、一時期の京都は、暗殺者が昼夜徘徊する恐怖の街となった。尊王攘夷派の過激集団は、少しでも開国論の匂いがする者がいれば天誅と称して殺害しようとし、反対に幕府から派遣された新撰組や見廻組などが、尊王攘夷派を日夜つけ狙っていたのである。しかし、そんな血なまぐさい社会情勢の中で、龍馬は恐ろしくグローバルな「計画性」の世界に生きていたのである。

龍馬の不思議なところは、動乱の渦中にいて、その渦に巻き込まれない超絶性を維持していたことである。信長と龍馬は、日本史の中でまったく異なった政治劇を演じたが、両者とも激しすぎるほどの行動力と、長期的な展望の双方を兼ね備えていたという意味では、相通じていたといえよう。

## 破られた常識の数々

〈野性〉的人間が共有する大きな特徴は、やはり常識を打ち破る発想力と行動力をもっていることである。では龍馬の場合、どのような常識破壊をやってのけたのか、いくつか主なものだけを取り上げてみたい。

一つ目に、龍馬には階級意識というものが、きわめて希薄であった。下級武士であった竜馬は城下に暮していながら、土佐藩の殿様にすら拝謁することができなかったし、さまざまな藩の公式行事にも参加できなかったのである。封建社会においては絶対条件ともいえる家柄を背景にもたない人間が、やがて幕府の直属家臣や諸藩の大名を振り回すようになったことは、破天荒のことといわざるを得ない。徳川政権がすっかり弱体化していた政治的混乱期だからこそ可能なことであったとしても、龍馬自身が階級意識に囚われていたら、決して行動を起すことができなかっただろう。

おまけに彼は脱藩（一八六二）している。自分の都合で脱藩すれば、主君への忠誠を捨てたことになり、俸禄が断たれるだけでなく、処罰の対象となる。それも自分だけの問題ならよいが、残された家族に藩から厳罰が課せられる場合が多い。龍馬の場合、それを辛うじて逃れたのは、実家の才谷屋が藩の重臣に多額の金を貸す金融業をしていたからだろう。

藩というものが個々の武士に対してもつ引力の強さは、現代の企業がサラリーマンに対してもつものと似ているだろうが、周囲への影響の大きさは比較にならない。大企業から脱サラすれば、家族に経済的しわ寄せがあるかもしれないが、武士が脱藩する場合のように、まさか罪人扱いまではされない。

二つ目に、世論の主流が尊王攘夷、佐幕開国、公武合体のいずれかで占められているとき、龍馬はいっさいの保守的要素を排除して、世界情勢を視野にいれた合理性のある開国論を推進した。このことは、江戸の無血開城という功績をあげて明治政府の中枢に身を置きながらも、薩摩藩の郷党意識を脱却できなかった西郷隆盛とは大きな隔たりがある。そのため西郷は、後になって征韓論という国家主義的な侵略思想に取り憑かれた上、不平士族の不満を抑えきれず、西南戦争に突入してしまったのである。

三つ目に、外国の艦船が相次いで近海に現れ、日本中が開国と攘夷の二者択一論に沸き返っているときに、龍馬ははるかに次元の異なった発想をし、海運業と軍事力の双方を目的とする亀山社中（のちの「海援隊」）を結成（一八六四）している。武士が船舶を私有して商売をすることなど、それまで誰も考えなかったことだが、龍馬は今でいう総合商社的ビジネスに最初に手を付けた日本人である。しかも「海援隊」は、日本海軍の礎石ともみなされている。龍馬が一介の脱藩浪人の身であったことを思えば、その構想は誇大妄想に近かったが、彼の〈野性〉的行動力はそれを現実化させてしまったのである。

四つ目に、それまで仇敵同士であった二つの強力な藩を結びつけ、短期間のうちに薩長連合を実現（一八六六）した。幕府の第一次長州征伐の主戦力となった薩摩藩に対する長州藩の恨みは、骨髄に徹するものがあったのであり、常識的には双方の溝は埋めようがないほど深いものであった。反目していた薩長を連合させる試みは、現代世界の地政図でいえば、さしずめイスラエルとパレスチナを連合させる事業に匹敵するかもしれない。それは歴史に名を残したいと考えるアメリカの大統領が、たいてい一度は試みる難題であるが、まだ誰もその野望を果たしていない。

五つ目に、誰もが幕府と薩長軍の武力衝突が不可避と思っているときに、大政奉還という無血革命の道筋を開いた。これは、互いに激しく反目しあう佐幕派、倒幕派、公武合体派のすべてが妥協し得る唯一のアクロバット的提案であった。このあまりにも平和的で、あまりにも過激な発想は、譜代の各藩や直参の旗本たちの恨みを買い、盟友中岡慎太郎とともに、いずれ暗殺される直接原因になった。

日本が近代国家として生まれ変わるために、ついに胎動をはじめたときに、彼のような逸材を三十三歳という若い年齢で死なせてしまったことは、歴史の大きな損失であった。とはいいながら、幕末の革命的運動家としての彼が果たすべき使命は、暗殺に遭った時点で、ほぼなしとげられていたという見方もできるのであり、もしも彼が明治維新後も生き延び、もくろみどおり国際的海運業で成功を収めていたら、こんにちほどの人気を博していたかは、さだかでない。志なかばで倒れた龍馬像のほうが、判官びいきの日本人の心性に、ぴったりと適っているからだ。

六つ目に、誰もが倒幕と佐幕の対立構造の中で睨み合っているときに、彼は早くも新国家運営に備えて、具体的な構想を用意した。それは彼が長崎から京都に向かう船中で明らかにしたため、「船中八策」と呼ばれているが、その中には議会制、憲法の制定、外国との平等条約締結などのアイデアが含まれている。原文は次のようなものである。

一、天下の政権を朝廷に奉還せしめ、政令宜しく朝廷より出づべき事
一、上下議政局を設け、議員を置き、万機を参賛せしめ、万機宜しく公議に決すべき事
一、有材の公卿、諸侯及び天下の人材を顧問に備へ、官爵を賜ひ、宜しく従来有名無実の官を除くべき事
一、外国の交際広く公議を採り、新に至当の規約を立つべき事
一、古来の律令を折衷し、新に無窮の大典を撰定すべき事
一、海軍宜しく拡張すべき事
一、御親兵を置き、帝都を守衛せしむべき事
一、金銀物貨、宜しく外国と平均の法を設くべき事

龍馬の「船中八策」は、のちになって明治政府の「五箇条の御誓文」にも影響を与えている。龍馬がそれまでに勝海舟などの薫陶を受けていたとしても、動乱の渦中に東奔西走

しながら、ここまで具体性のある国家構想を提起し得たことは、やはり驚かざるを得ない。

もっとも議会の必要性については、龍馬以前にも横井小楠や大久保一翁が語ったことがあるが、そのときはあまりにも非現実的な考え方であったため、誰も相手にしなかったのである。龍馬は、そのような先駆的構想を実体化させるだけの時運にも恵まれたわけである。

## 飛躍的発想力の謎

勝海舟が「薩長連合、大政奉還、あれア、ぜんぶ龍馬一人がやったことさ」といったというのは、ちょっと買いかぶりかもしれない。しかし、いまだに龍馬の人気が衰えないのは、名もなき田舎侍が歴史の大変革期に中心的な役割を果たすほどの理念ある行動家に変身していったプロセスに、われわれがふつうでは経験することのない大きなカタルシスを感じるからである。ますます人間関係が希薄なものになりつつある現代社会は、自分の人生の歩みに物語性を持ちにくい環境であるため、龍馬のような人物の生きざまは、史実以上にロマンのあるものとして描かれることになる。

ところで当時の常識を次々と打破するような飛躍的発想力を、政治的中心から遠く離れた土佐という土地に暮らしていた龍馬が、どのようにして獲得したのであろうか。その要素をいくつか取り上げてみたい。

まず郷士という比較的低い社会的地位が、かえって龍馬の視野を藩という小さな枠の中に閉じこめなかったと思われる。農民や町人出身の者が、特別な事情で武士の身分を与えられて郷士となるのであるが、それはほとんど名目上のことであった。

そのような藩政の中心からは疎外された身分に生まれついたおかげで、みずからの藩のみを後生大事に擁護しなくてはならないという地域的感覚が、彼には希薄であった。むしろ、その疎外感が保守的な藩体制を解体して、より民主的な近代国家を建設したいという夢想にも似た、彼の志の原動力となったのではなかろうか。

それにすでに触れたことだが、彼の実家は才谷屋という武士相手の質業と金貸業を営む地元の豪商であった。そのことも彼の思考を武家の伝統的価値観に固定することなく、柔軟性のあるものにしたと考えられる。「海援隊」を作って貿易業を興したいというような時代離れした野心は、やはり血筋によるところが大きいのかもしれない。

龍馬はどうも読書嫌いであったらしいのだが、その代り自分に新しい知識や思想を注ぎ込んでくれる人物に積極的に近づき、謙虚に耳を傾けた。これもひとつの人徳である。たとえば、西洋文明については河田小龍、尊王攘夷思想は武市半平太と中岡慎太郎、海軍と日本の未来像については勝海舟などから薫陶を受けている。これらの時代を先駆ける啓蒙思想をもった先輩や友人に遭遇することがなければ、龍馬が一剣術士として終わった可能性は高い。やはり人との出会いも、ひとつの重要な知的財産であることを、彼の人生は物語っている。

## 未来を創作する行動力

龍馬の活躍の背景には、絶妙の歴史的タイミングがあった。徳川幕府の屋台骨である封建的秩序が揺るぎはじめ、社会にどうしようもない倦怠感が漂っていた。ところが、海の向こうからペリー総督が黒船に乗って登場(一八五三)し、砲艦外交を展開するやいなや、またたくまに危機感が日本国中に広がった。そういう社会情勢だったからこそ、龍馬はじめ若い志士たちの活躍の場が開けたのである。

しかし、打ち寄せる歴史の大波にうまくサーフボードを乗せるかどうかは、個人の資質によるものである。龍馬の政治的敏捷さも、まさにそこにある。彼は三十三年という短い生涯のうちに、凡人の何倍かの仕事をやってのけたわけだが、一個の人間が重大な事業に立ち向かうとき、やはりある程度の時間的制約の中で、集中度とスピードが必要なのではなかろうか。

「ローマは一日にしてならず」とはいうものの、誰もが改革、改革と叫びながら、実践においては牛歩のごとしというのでは、士気がそがれるばかりでなく、時間を経るうちに改革の内容そのものが、換骨奪胎されてしまう恐れがある。とくに日本の平均的な組織では、せっかく将来性のあるビジョンが出てきても、それが委員会から委員会へ、部会から部会へたらい回しされて、ようやく実行段階にいたるまで、あまりにも時間がかかりすぎるのである。その証拠に、世界経済フォーラムの発表（二〇〇〇年）によれば、競争力で日本は二十一位という情けないランクづけをされている。ちなみに、一位は米国、二位はシンガポールである。飛行機も失速すると墜落は免れないが、組織改革もある程度のスピードで推進していかないと、地に落ちてしまうのである。

そして、何事においても潮時というものがあるが、それを逃さず一気呵成に事を成し遂げるには、江戸、京都、土佐、長州、長崎、薩摩の間を文字どおり東奔西走した龍馬のような人物が必要なのではなかろうか。だから、われわれが〈野性〉的革命家としての龍馬から学ぶべきことの一つとして、行動における迅速さもあげておかねばならない。

いってみれば龍馬は、自分で国家の未来像を夢想し、その夢想したものを実体化させてしまったわけである。夢想を夢想で終わらせるのが凡人の常であるが、彼はちがっていた。

未来をそのまま現実世界に創作したのである。やはり理想主義を現実的な方法で実行に移し、それを実現してしまうというのは、非凡の才である。

ここでギリシア語のポイエーシスという言葉を引きあいに出して、創作ということについて、少し考えてみたい。ポイエーシスは、語源的には「モノを作り出す行為」を意味する。「創作されたモノ」はポエム（詩）で「創作する人」はポイエーテス（詩人）となる。

詩人は、われわれ凡人とは違って、生活臭にまみれてしまってはダメである。いつも現実よりも遠くを見つめながら、現象の中に隠されている本質を本能的に直観したり、これから起るべきことを予言する能力をもっていてこそ詩人である。そこに創作活動が生まれてくる。龍馬の奇想天外な生き方も、どこかポエムのような余韻を感じさせるが、未来の歴史を創作したという意味で、彼こそ本物のポイエーテスだったのかもしれない。

天下国家を自分一身の力で動かそうという誇大妄想的な発想自体、現実主義者には無縁のものであり、やはりよほど旺盛な詩情の持ち主でもなければ、夢想だにしないだろう。そこには壮大なロマンがある。だからこそ現実に逼塞しているようなわれわれの目に、龍馬が非常に魅力ある人物として映ることは、すでに指摘した。

ところでポイエーシスの反対語はプラクシスだが、こちらのほうは、まさに「モノを作りださない行為」のことである。具体的には、道徳を守ったり、法律に従ったりすることであり、「実践」や「行動」というふうに訳されている。ところが、未来を創作した行動家としての龍馬の生きざまを見るかぎり、ポイエーシスとプラクシスをプラス極とマイナス極のように対立関係におくことに、もうひとつ納得できない。龍馬においては創作と行動が対立どころか、融合している。

そこで思いだされてくるのが、アリストテレス哲学の向こうをはって、ポイエーシスとプラクシスを不即不離に見ていた西田幾多郎の〈行為的直観〉という考え方である。悪文にして難解な西田の論文について語り始めると、とめどなく話は複雑になるので、ここでは深入りしないが、それにしても風雲急な幕末に東奔西走していた龍馬は、直観しながら行動し、行動しながら直観していたようなところがある。

現代はマスメディアの普及で、一億総評論家になったような印象を受けるが、言葉で語られるアイデアに相応した行動力をもつ人は稀である。行政改革、税制改革、教育改革など、「改革」と名のつくものが掃いて捨てるほど新聞紙上に登場してきても、それらの実現は遅々として進まない。それは、われわれが創作と行動が分裂した文化を生きているからではなかろうか。やはり、こんにちの日本が何よりも必要としているのは、龍馬のごとく想像力と行動力をそなえた〈野性〉的人間なのである。

## 3　円空の造形力

### 「野性の芸術家」が彫ったホトケたち

〈野性〉は時代や個性によって千差万別の現れ方をするのであるから、信長や龍馬のように政治的手腕を発揮した人物だけが、〈野性〉的人間像に適合するわけではない。ここでは、江戸初期の仏師・円空（一六三二―九五）の場合を例として、〈野性〉の芸術的側面について考えてみたい。

日本には早くも飛鳥・白鳳・天平などの時代から、端正な美をそなえた秀逸な仏像があまたの寺院に存在した。おそらくその大半は大陸からの直輸入品であったり、渡来した中国人や朝鮮人仏師の手によるものであろうが、平安や鎌倉時代になると運慶や快慶のように、日本人でも優れた仏像を刻むことのできる本格的仏師が登場してきた。

しかし寺院に祀られている仏像は、それがどれほど優れたものであっても、中国や朝鮮の基本様式を乗り超えるものではない。一木彫り、寄せ木作り、鋳造、石造など、製作方法のいかんにかかわらず、仏像の表面は滑らかであり、そこに金箔が張られたり、色彩が施された上に、宝冠、天蓋、光背などの絢爛たる装飾品が加えられたりしている。それらの仏像が、美しく飾られ、神々しさを漂わせているのは、それらがいわゆる礼拝仏《らいはいぶつ》であり、信仰ある者が手を合わす対象だったからである。

ところが、山伏でもあった円空が彫った仏像は、彼自身が「我山嶽ニ居テ多年仏像ヲ造リ、其ノ地神ヲ供養スルノミ」(『飛州志』)と述べているように、主として土地に因縁のある神や霊を慰める目的で彫られた奉納仏であったから、必ずしも人々が手を合わせて拝むことを期待して彫られていない。ナタやノミで大胆に削られた円空仏は、全体の構造も左右均衡ではなく、表面はゴツゴツとし、仏像の顔にも土百姓のような野暮ったさが漂っている。しかもそれでいて、円空仏には人の心をとらえて放さない不思議な魅力があるのである。「前衛的でない芸術は芸術でない」といったのは石原慎太郎だが、何かと定型化されやすい封建社会にあって、見事な前衛的仏教美術を打ちだした円空は、真の芸術家といってよいだろう。

円空は、しばしば一本の木を真ん中からナタで断ち割り、断面はそのままにして、反対側の丸みのある部分から仏像を彫りだした。彼のような山林修行者は、山中で道を切り開いたり、野宿するときに薪を集めなくてはならないから、いつも腰にナタをぶらさげていたのである。彼は実際にはナタだけでなく、小刀、ノミなどを使用したのであるが、その粗削りの表面からは、一気呵成に彫り上げた円空の気迫が感じられる。

円空は山から山へ修験《しゅげん》の旅を重ねたのであるが、当然、その道中では人里に立ち寄り、見ず知らずの人の世話にもならなくてはならない。円空仏が今でも民家で発見されることがよくあるが、それは彼が宿賃の代りに仏像を彫って与えたりしたからである。あるいは荒れ果てた草庵に雨露をしのぐために立ち寄ったおりに、自分で刻んだホトケをそっと置いていったりもしたようだ。

円空仏は、ときに木端仏《こっぱぶつ》と呼ばれたりするだけあって、棒切れのように細く、ろくに立たせることもできないホトケが大量に彫られていたりする。恐らく円空は、訪れた土地に因縁のある霊たちを慰めるために、かなりの速度で次々と彫っていったと思われる。一説に、円空は十二万体のホトケを彫ったとされているが、そのような木端仏の存在を考えれば、十二万体仏像彫刻の大願もまったく可能性のないことでもない。

また円空は、干ばつに悩む農民のために雨乞いのホトケとしての善女竜王を数多く彫っているし、北海道の有珠山周辺に二年間ほど滞在していたときは、海難事故で遭難した人々の霊を慰めるために、あまたの来迎観音を彫り、海に流している。そのうち二十体ほどが漂着し、今にいたるまで北海道西部や津軽の寺社や民家に大切に安置されているのである。

円空仏がいちばん多く残されているのは、岐阜の飛驒と美濃であるが、ほかは関東、東北北部、北海道である。円空をして飽くなき仏像製作に駆り立てた要因が、江戸や京都、大坂といった大都会ではなく、つねに辺境の地にあったということに注目したい。正式な僧侶でもない一人の遊行僧《ゆぎょうそう》として円空が触れた自然の風光、鄙びた農村や漁村にひっそりと暮らす庶民の感情といったものが、円空仏の中核に埋め込まれている。そこに漂う〈野性〉的雰囲気が、専門的な仏師が工房に集まって製作される礼拝仏と根本的に異なるのも、無理からぬことである。

もっとも、円空がいかにさすらいの僧であったとしても、彼が仏教思想に無知であったわけではない。仏師として、さまざまな様式の仏像を彫るためには、それぞれの仏像のもつ思想的意義を理解し、仏像の姿や色、印相《いんそう》(手の構え型)、持ち物、服装などについて、儀軌《ぎき》といわれる細かな決まりごとを身に付けていなければならない。どれだけ素朴な仏像を彫るにしても、円空はその儀軌を無視していないから、それなりの知識を蓄積していたはずである。

ただ彼が通常の仏師と決定的に異なるのは、定められた儀軌が十あるとすれば、そのうち二つか三つだけを選びとるというふうに、大胆な省略をやってのけたことである。はじめから「型」を知らないというのは問題外であるが、専門家のあいだで約束事となっている「型」を熟知した上で、しかもそれを思いきって省略するというのは、けっこう勇気のいることではなかろうか。

〈野性〉的人間の一つの特徴は「型破り」であることだが、「型」を身に付けることなく、「型破り」は成立しない。この事実は、重要な意味をおびているのであり、いずれの分野でも新しいものを生みだすためには、伝統的手法を熟知している必要がある。単に奇抜をてらった前衛的手法というのは、一時期評判になっても、時間とともに飽きられてしまうのがつねである。

師匠から古い「型」をうんざりするほど叩きこまれて、早々に音を上げる者、あるいは「型」の中に幽閉されてしまう者が大半だとしても、まれに「型」の厚い殻をぶち破って飛び出して、独自の世界を創りだす若者がいる。そして、そこにこそ芸の継承が成立するのである。

そういう観点からいえば、伝統工芸などで後継者養成のために、教える側が適当なところで妥協してしまうなら、それはその伝統的技術の寿命を縮めることにほかならない。昔から職人には頑固な人が多いが、彼らの頑固さがなければ、伝統技術がこんにちまで生き残ることはなかったであろう。

## 縄文的明るさの系譜

私が円空仏に限りない魅力を感じるのは、そこに民芸品的な野趣があるといった嗜好上の問題ではなく、大地の奥深くから湧きのぼってくるような生命の勢いと明るさがあるからである。その生命の勢いと明るさが、大地・円空の身体・仏像の三者を連環して、円空仏を見ている自分自身に力強く迫ってくる、その事実に深い感動を覚えるのである。それは美しく整った仏像からは感じることのできない〈野性〉的生命感覚でもある。

しかも、歴史の流れからいえば、大きな時間的隔たりがあるにもかかわらず、円空仏が発散する鈍い明るさは、縄文時代の土偶や火焔土器を見たときに感じる明るさと、非常に似ているのである。

妊婦の鈍重な体つきをもった土偶からは、まぶしい透明の明るさではなく、重厚な存在感をもった独特の明るさが感じられる。この大地に人間の子をもたらし、大切な食糧となる動物を走らせ、豊かな森を育んでくれる大地母神。その大地母神の限りなき産みの力を最も忠実に具象化したと思われるのが、土偶である。そこには骨太の生命力が、溢れんばかりに漲っている。

火焔土器もまた然り。カミを迎えるために神聖な儀式を営んだり、大切な作物のために焼畑を開いたりするとき、火はカミの分身であり、決しておろそかにできるものではなかった。また日々の生活でも、捕らえた獲物を調理したり、寒夜に暖をとったりするのにも欠かすことのできない火。カミが人間に与えてくれた生命の火がメラメラと踊り狂う炎となって、人間に迫ってくる瞬間をとらえたような火焔土器。これほどダイナミックな造形力を縄文の人々は、いかにして獲得したのであろうか。

その縄文的明るさの系譜を引き継いでいるのが、円空仏なのである。しかも、その大半が都会の名刹ではなく、山里の小さな庵や農家で発見されていることからも、円空仏の土着性が強く感じられる。円空は前にも触れたように十二万体の仏を彫ったと伝えられるほど多作であるが、彼は仏像を大量生産することによって、根源的生命のもつ逞しい繁殖力を表現しようとしたのではなかろうか。

そして、もう一つ強調しておきたいことは、円空という人物がもっていた独創的な造形力は、単に仏教芸術上の話ではなく、今まで存在しなかった形を造りだす能力、つまり新たな価値観や制度を創造する能力につながるものであり、私はそこに〈野性〉の本質を見るわけである。

## 日陰者の悲しみ

根源的生命が発散する鈍くも力強い光を素朴な仏像を通じて表現した円空であったが、それは必ずしも彼が明朗快活な人間であったことを意味しない。その伝承を見るかぎり、むしろ円空は暗い生い立ちを背負った日陰者であった。

一説に、彼は木地師《きじし》の血を引いていたとされる。木地師というのは、鉢や椀を作ることを専門とする木工技術者たちであり、その材料となるトチやブナなどを求めて移住生活を続けていた。平地で農耕に携わる常民とは異なって、木地師は田畑に縛られることはなかったが、山の尾根に近い高所だけを移動することを許されていた異人集団であった。

木地師たちは、ときどき自分たちの作った椀などの木工品を山里に持っていっては食糧と交換したが、貧しい農民の目から見ても、山奥からみすぼらしい姿で現れる彼らはあきらかに卑賤の民であった。いずれはっきりと論証したいと思っていることだが、日本列島の各地に、かつてエミシと呼ばれる先住民がいたが、恐らく木地師はエミシの流れをくむ山地民だったのだろう。体格や顔立ちにも定住する常民との明白な相違があったとしても不思議ではないから、当然のことながら、彼らは蔑視や差別の対象となっていたにちがいない。

　タイ北部には今も数多くの山岳民族が存在する。中でもカレン族などは海抜千メートルぐらいの山深いところに集落をかまえて生活している。彼らも手工芸品を作るのが得意であるが、山麓の部族とは混血しないし、長い歴史を通じて平地の民からは未開の異人として蔑視を浴びてきたのである。そのような集落を訪れたとき、かつて日本の山岳地帯にもひっそりと暮らしていたであろうエミシや、その末裔である木地師たちのことが、私の念頭から離れなかった。

　ところで、円空は現在の岐阜県郡上郡美並村か、羽島市上中町のいずれかで生まれたらしいが、自分では出生の地を一度も明らかにしていない。それには明らかにしたくないだけの理由があったのかもしれない。彼がハンセン病であったという説も存在するのだが、それも彼に対する里人たちの蔑視が生みだした噂に由来するものである可能性が高い。

　また山伏となって後も、その行動範囲は判明しているだけで北海道の有珠山から四国の石鎚山に及ぶほど、きわめて広い。そして、窟上人《いわやしょうにん》と呼ばれることからも分かるように、山の洞窟で過すことが多かった。そのような行動形態も、彼の体に流れていた木地師の血を強く匂わせるのである。

　もっとも時代が下ると、木地師の中には山から里に降りて定着していた人々がいたらしいから、早くから寺社に出入りしていたことが分かっている円空も、そちらの部類に属するのかもしれない。そして木地師には、ロクロ師、杓子師、塗物師、引物師の四職があり、とくに引物師は木地人形を作ったりしていたので、円空はその系統を引いていたと思われる。

円空は、私生児でもあった。彼の父については諸説あって、母が奉公人として仕えていた地元の神官、夜這いをした村の若者、他国から流れてきた浪人などである。いずれにせよ、円空は出身の定かならぬシングルマザーが肩身の狭い思いをして育てた一人っ子であった。

そして、その母も彼が十八歳のときに長良川の洪水で溺死している。羽島市の中観音堂にある十一面観音立像は、円空が母の三十三回忌に彫ったものとされているが、その慈愛に満ちた表情は、彼が胸底に抱いていた母のイメージを伝えているのであろう。彼は大津園城寺で出家得度したおり、次のような歌を詠んでいる。

予母《わが》の命に代る袈裟なれや
法の形《みかげ》八万代にへん

このとき彼はすでに四十八歳であったが、若いときからずっと亡くなった母のことを思い続けていたのである。シングルマザーもようやく社会的認知を受けられるようになった現代社会とは異なって、閉鎖的な村落共同体の中で、不明の父の子を育てる肩身の狭さを円空の母は、いやほど体験したのにちがいない。彼は、その母への追慕の念を胸に抱きながら、仏を刻み続けていたのである。

それに円空は僧侶としても、日の当たる場所にいたわけではない。二十三歳で修験者となって以来、たびたび放浪の旅に出ており、その間、法隆寺などで血脈《けちみゃく》を受けたりしているが、ようやく長良川畔に自分の寺を持ったのは最晩年になってからである。

徳川幕府の寺請制度に組み込まれた一般寺院の住職なら、檀家のために法事や葬式を営んでいれば生活が成り立っていく。しかし、円空のような正式な得度を受けていない私度《しど》僧《そう》は、寺に定住したり、寺の禄を受けることが許されていないから、不特定多数の庶民から施しを受けなければいけない。

そのためには里から里への遊行をしながら、豊作豊漁祈願、病気直し、雨乞い、厄除け、占い、地鎮などを通じて、自分たちが山岳修行で培った験力《げんりょく》の実効性を発揮しなくてはならなかった。布施する者と布施を受ける者の間には、シビアなギブ&テイクの関係が成立していた。具体的結果の示されない祈りを受け入れるほど、庶民の側にも生活上の余裕はなかったのである。だから円空がホトケを刻むとき、その行為には呪術的な意味合いが濃厚に含まれていたはずである。そういう意味では、彼は仏師というよりも、呪師と考えたほうが正確なのかもしれない。

もし円空が社会の底辺に生きる人間として、庶民の現実的な苦悩を肌で感じることもなく、彼のナタ彫りのホトケにカリスマ性をもたせることがなかったならば、決してこれほど多くの円空仏が広範な地域にわたる祠や民家で大切に祀られてはこなかっただろう。

## 身の危険と生命感覚

円空仏から滲み出る生命の温もりのある明るさは、日陰に生きることの悲哀を味わいつくし、さらにその悲哀を突き抜けることができた者のみが、表現し得たものといえよう。では円空は、いかにして人生の暗い影を乗り越えたのであろうか。そこには、やはり彼の山伏としての真剣な修行が大きな位置を占めている。円空はホトケを刻みながら、決して気楽な旅を続けていたわけではない。彼の山岳修行は、生命の危険を伴った真剣勝負であった。

円空は三十代前半に、近江で伊吹修験に励み、伊吹山の西面にある行道岩という巨岩を相手に、かなり危険の伴う行を実践していたことが分かっている。修験者たちには、昼夜を通してその岩にしがみつきながら回ることが要求された。もちろん転落すれば死ぬわけだが、そのような危険な行が三日間ぐらい続けられたらしいから、生易しい話ではない。

四十四歳のときに円空は、山伏には大きな名誉となる大峰山の「笙《しょう》の窟《いわや》の冬籠り」を成し遂げている。これは吉野の大峰山が雪で閉ざされる半年間を洞穴の中で一人で過すものである。ごく限られた食糧だけを頼りに、厳しい寒さをしのがなければならないこのような荒行は、体力と気力の双方が兼ね備わっていなければ、到底できるものではない。

北海道の有珠山周辺でも二年間ほど過しているが、主に太田権現の窟（久遠郡大成村太田）と礼文《れぶんげ》湧の窟（豊浦町）で、多くのホトケを彫ったとされている。ともに人を寄せ付けない断崖の中腹にある洞窟である。ほとんど開発されていなかった江戸初期の蝦夷地に足を踏み入れること自体、大きな冒険であるが、ましてや円空がそのような場所で越冬したとすれば、ただ事ではない。

しかも当時の山伏は高下駄を履いて腰に毛皮を巻き、錫杖《しゃくじょう》をつき、念仏や陀羅尼《だらに》を唱えながら山中を歩くのがふつうであった。食生活は、五穀断ち、ないしは十穀断ちをして、木の実や薯類を生食する木食行《もくじきぎょう》を主としていた。ときには断食行や断水行などもした上で険しい山に登ったわけだから、本格的な修験者になるということは、意図的に自分を生死の境目に置くことを意味した。それほどの行をしなければ、先に触れたような験力が身に付かなかったのである。

私は、円空仏がもつ骨太の縄文的明るさの最大の秘密は、この生死を賭した厳しい山岳修行にあるような気がしている。人間の脆い生命が大自然の脅威の前にさらけ出されたとき、〈野性〉的生命感覚が修行者の肉体に一気に逆流してくることがあるからだ。空腹をかこちながら滝に打たれ、洞窟に戻れば、わずかの薪を燃やして暖をとる。ひとたび夜が訪れれば、語り合う友はみずからが彫りだすホトケ以外になく、闇はどこまでも深く、不気味な山の音が谷に響き渡る。

窟上人円空は、そのような苦行を重ねながら、ふと自分の肉体がもつ脆い生命とは、まったく異質の根源的生命の存在に目覚めたのではなかろうか。いつ命絶えてもおかしくはない極限状態の中で、けなげに生き続ける自分の肉体と、それを背後から支えてくれている不思議な宇宙的生命力。その生命力の感得こそ円空がもっていた〈野性〉の本質であり、円空仏がもつ不思議な魅力の正体でもある。

修験道は、修行や儀礼の方法として仏教や陰陽道の様式を取り入れているが、その核にあるのは古代日本人の精神遺産ともいえる素朴なアニミズムである。修験者たちは森羅万象の中に魂を認め、それを礼拝する。円空にとって自然木の中からホトケの姿を彫りだすことは、滝に打たれたり、陀羅尼を唱えたりするのと同じように、自然の無限に自己の有限を埋没させていくことを意味したにちがいない。「彫る」という行為を媒体として、自然と一体となり得たとき、それは密教でいう即身成仏の体験でもあった。

円空は山林を渉猟していて、心に感ずるところあれば、木株や岩に坐り込んで仏像を刻んだ。万物に精霊が宿ることを知っていた彼にとって、ホトケを刻み出すためには、そのへんに転がる木片が最もふさわしい材料であった。また飛騨千光寺や志摩少林寺に残る生木から彫られたというダイナミックな立木仏は、「野性の芸術家」円空にしか創造し得なかったナマのいのちを生きるホトケであるともいえる。

## エロスが生んだ造形力

円空が命がけの山岳修験に励む行者であったことはまちがいないが、彼にはどうもそのような謹厳なイメージだけでは捉えきれない側面がある。たしかに山中では真剣に修行していたかもしれないが、ひとたび人里に下りてくると、どうもその素行は怪しげなものだったらしい。今でも飛騨地方に行くと、彼が尼寺の庵主さんや村の娘のところに夜這いを繰り返したという話が伝わっていたりする。円空坂と名付けられた道があったりすると、それは彼が女性に会うために足繁く通ったからだとされている。
伝承だけではない。円空自身も艶のある歌を数々残している。山伏は里に妻をもつのが普通であったが、円空にはその形跡はない。その代りに彼はさまざまな女性に心を寄せていたらしい。

書移《かきうつす》　心の色に　藍染《あいそめ》て　君かみあげの　花かとぞみる

「書移」とはスケッチのことだから、仏像の下絵にするために、若い女性をモデルにでもしたのだろうか。一人前の女性として髪上げをしたばかりの、花かとみまがう美しい女性に「藍染て（会い初めて）」、私の心は恋慕の思いに染まっていくという意である。
これぐらいなら、どこか初々しさを感じさせる相聞歌として見逃すこともできるが、次の歌となると、ずいぶんどぎつくなる。

尊形《かり》うつす　花かとぞ念《おも》ふ　歓喜《よろこび》の　法《のり》の泉も　涌きて出らん

五来重によると、これは岐阜県上宝村の禅通寺にある歓喜天を彫ったときに詠んだものらしく、その仏像の頭部は亀頭を、鼻は睾丸をかたどっている。そして、「尊形」が男根の隠語であり、そこから「歓喜の法の泉も涌きて出らん」というのだから、これほど露骨な性歌を作って楽しんでいた円空は、やはり本物の好色漢だったにちがいない。

円空は千数百首の歌も残しているのだが、稚拙なものが多いのは、それらの歌が他人に見せるためのものではなく、つれづれに湧き起こる思いを素直に吐露し、みずからを慰める手段に過ぎなかったからだろう。後になって彼が自分の歌集をバラバラにして、大般若経(岐阜県高賀神社蔵)の表紙の見返しに貼ったのも、限りなき煩悩を仏の手にゆだねたいという気持ちがあったからではなかろうか。

円空の見せるエロティシズムは、彼の山中における禁欲主義とはまったく矛盾し、修行僧にはふさわしからぬもののように思われるかもしれない。しかし、私はそのように考えていない。円空仏というのは、その矛盾する両極が円空の体内で激しくぶつかり合ったときに生まれてきた有機的な造形ではなかろうか。

たとえ彼が木地師の血を引き、あらかじめ木彫の技術を身に付けていたとしても、修験道の霊的体験だけで、あそこまで肉感と縄文的明るさをそなえた仏像を刻み得たかどうか。やはり透明に澄んだものだけでは、あれほどインパクトのある造形力を獲得はできまい。

私がそのように考える理由の一つは、文豪ゲーテの告白である。彼はイタリアへの旅をして、情熱的なイタリア娘と恋に陥り、彼女を抱きしめる体験をもってから、初めて彫刻というものが理解できるようになったと書き残している。ゲーテも正真正銘の肉体主義者だったのである。

表面的にはいかに理性的な人間であっても、体内の奥深く狂おしいほどのエロスの炎を燃やすことなく、人を感動させることのできる芸術を生みだし得ない。芸術とエロス、さらに宗教体験を加えた三者は、不即不離であるというのが私のかねてからの持論である。〈野性〉の実践者円空にしてはじめて、その三者を融合し、仏像という形あるモノの中に見事に表現し得たのではなかろうか。

## 現代日本人はどこまで造形できるか

円空仏の〈野性〉的な美しさに見とれているだけでは、あまりにも受け身である。私たちも傍観者であることをやめて、大いに造形しなくてはならない。もちろんそれは、必ずしも彫刻や陶芸など、いわゆる芸術的創作に携わることを意味しない。

前にも触れたことだが、真の造形力とは新しい価値観を作りだす行為のことである。経済的価値だけを中心にした生活から脱却して、自分の魂がほんとうに満足できる生き方を見つけたり、従来の形式にとらわれない開放的な制度を樹立したりするなど、いずれも卓越した造形力なくしては実現できないものである。だからどのような改革であっても、それを推し進めようとする人間には、どこか芸術的な感覚が要求されるのであって、イデオロギーだけで凝り固まっていては、とうてい創造的な造形力による実質的改革は望めない。

私のごく個人的な意見を述べれば、現代日本人が何をさしおいても早急に造形力を発揮すべき分野は、その生活空間ではなかろうか。外国を旅した人なら誰でも気づいていることだが、日本人の住環境はあまりにもお粗末すぎるのである。GNP世界第二位の経済大国の国民が、じつに非人間的な環境で生涯を過すことを強いられている。

もちろん、日本各地にため息のでるような美しい寺社建築や伝統的民家も存在することは存在するが、それらは点として散在しているだけであって、全体的な景観美というのは、都市にせよ、農村部にせよ、ほとんど惨めなほど破壊されている。日本の地方都市を訪れて、安っぽく醜悪な建物群によって、台なしにされていない原風景を見いだすのには骨が折れるが、たとえばフランスのブルゴーニュ地方などを歩いてみると、中世がそのまま残ったような味わい深い、調和のとれた風景にあちこちで出くわして、うっとりとしてしまうことがあるものだ。

縄文の時代から素晴らしい造形力を発揮してきた民族が、このような状況に甘んじているべきではない。自分たちの町づくり、村づくりに豊かな〈野性〉的感性を開花させて、そこに住む者も、訪れる者も、心安らぐような空間を創造していくべきだ。環境・肉体・思想の三位一体説のところでも論じたように、精神とか思想とかいうものも、決して環境から独立して生まれる抽象物ではなく、まさに環境そのものが肉体を通じて生産するモノである以上、少しでも豊かな生活空間を創成していくことの大切さが、もっと深く自覚されるべきだろう。

それは時間のかかることであるが、産業の能率や生産性を損ねることなく、日本全体をガーデン・ステート（田園国家）に仕立て直すというのは、国民全体が意欲をもって臨めるテーマのはずである。国の表玄関である成田空港ひとつとっても、決して先進国にふさわしい様相を呈していない。毎年海外で調査される訪れてみたい観光地としても、日本はもはや上位にランクされることはない。それほど日本は魅力のない国になりさがってしまったのである。

日本はすでに急速な経済発展をめざす段階は過ぎており、成熟した先進国として、伝統的文化遺産にも敬意を払いつつ、自然と人間が共存できるような調和的空間を造形できるなら、世界中から再生した日本を一目みたいという人々が、続々とやってくるだろう。

円空仏の話から国土再生論に思わぬ飛躍をしてしまったが、それまでに存在しなかった個性ある美を造形するという意味において、〈野性〉美のホトケを彫るという行為と、生活空間に機能的な美を刻み込んでいくという行為は、本質においてそんなに隔たりのあることでもあるまい。二十一世紀の日本人は、勤勉な労働者から芸術的な労働者へと、少しばかり生活のスタンスを転換しても、バチがあたらないのではなかろうか。

## 4 宮澤賢治の想像力

### 東北の自然が生んだ生命教師

〈野性〉実践の方法は、何度もいうように人によって千差万別だが、東北の片隅に三十数年しか生きなかった宮澤賢治（一八九六－一九三三）も、四次元的な文学を構築することによって、じつに個性的な〈野性〉の大輪を咲かせてみせた。彼の最大の功績は、平板な表現に陥りやすい日本語の可能性を大きく広げたことにあるのではなかろうか。

賢治の作品を論じるまえに触れておきたいのは、彼の行動にまつわる、ちょっとしたエピソードである。彼はある夜突然、眼前に広がる麦畑のうねに飛び込んでいき、一時間ほど抜き手で泳ぐように走り回ったあげく、「銀の波を泳いできました。ああ、さっぱりした」と言ったりしたという。月光に照らされる麦畑を見て、何か深く感得するものがあって、いてもたってもいられなくなったのだろう。人と道を歩いていても、いきなり奇声を発したりすることがあったらしい。私は賢治のそういう〈野性〉的、というよりも野獣的側面に大いに心ひかれるのである。

東北の厳しい自然の中で逞しく育つ農作物の開発に情熱を燃やしてきた人間だけに、豊かに実る作物を見たりすると、抑え難い生命感情が彼の体を突き抜けることがあったにちがいない。彼が書いた童話や詩は、その裸の生命感情に、言葉という衣服が着せられたものなのである。だから彼の使う言語を用心深くなで回してみると、母体の中で胎動する生命が感じられるはずだ。

賢治の文章の特徴は、擬態語めいたリフレイン（繰り返し）が非常に多いことだ。まさに地鳴りのような響きをもって迫ってくるリフレインが、賢治文学を独創的なものにしていると言ってもよいぐらいである。たとえば、都会から山奥の分教場に転校してきた少年と、彼を取り囲む地元の少年たちの不思議な出会いを綴った「風の又三郎」は、次のようなリフレインの登場によって、いちだんと文章の輝きを増す。

どっどど　どどうど　どどうど　どどう
青いくるみも、吹きとばせ
すっぱいくゎりんも吹きとばせ

どっどど　どどうど　どどうど　どどう
どっどど　どどうど　どどうど　どどう

この歌を口ずさむ者は、激しい山風が吹き抜ける山あいの村に、たちまち引きずり出される。こんなちょっとした表現が、彼の作り出す物語の中にちりばめられているだけで、私たち読者も、もうすっかり「風の又三郎」と仲間になったような気がしてくるのである。賢治が綴る言葉には、東北の方言を聞くようなリズム感があるが、そのリズムは自然と人間を結びつけてしまう不思議な力をおびている。

『古今集』の冒頭に、「ちからもいらずして、あめつちをうごかし、めに見えぬおに神をもあはれとおもはせ」と和歌のもつ力が讃えられているが、賢治の綴る日本語にも不思議な言霊があり、その言霊の力によって、読者も動きだしてしまうのである。

この不思議な〈野性〉詩人は、自分の使う言葉に次々と言霊エネルギーを注ぎ込み、ややもすれば単調になりがちな日本語を、生命の躍動感の漲る新しい言語に蘇らせてしまう。いってみれば、賢治は言葉の魔術師なのであるが、彼の作品に造詣が深い原子朗もそのリズミカルな文体に神秘性を感じ取っている。

私はかつて比喩的に、賢治の中には一人の古代人がいて、それがしだいに近代に目ざめてくる過程として彼の作品行動を論じたことがある。その古代人の比喩は、彼が幼児から終生常人とはちがった闇恐怖症や自然現象への畏怖感の持主だった、といったアニミズムの性癖の伝聞に眩惑されてのことではなかった。彼の作品に横溢する神秘的ともいえるエネルギー、それこそ拍子の合間から奥から顔をのぞかせ、脈うってくるヴァイタルな息づかい、おそらく作者には無意識のリズム、それをさしてのことだった。(「生命と精神」)

「賢治の中には一人の古代人がいる」という原子朗の発想に、私は大いに共感を覚える。なぜなら、私は賢治に、「古代人」の〈野性〉を少なからず伝えてくれる先住民族アイヌとのつながりを感じているからである。

アイヌのカムイユカラ(神謡)が語られるときも、サケへとよばれる動物の鳴き声のような不思議な言葉が繰り返し挿入されるが、その響きに前にも触れた賢治特有のリフレインに通じるものを感じてしまうのである。サケへの一例をあげれば、「フウェ・フウェー」(熊の鳴き声)、「ウウー・ウ・テンル・テンル」(狼の遠ぼえ)、「アシュユシュン・アシュユシュン」(蛇の地をはう音)などであるが、このような〈野性〉的響きをもつ言葉がリズミカルに繰り返されることによって、物語に臨場感が溢れることになる。

拙著『縄文からアイヌへ――感覚的叡知の系譜』（せりか書房）でも論じたことであるが、アイヌ文化の最大の特徴は、彼らが先祖代々受け継いできたゾーエー的生命感覚が、音楽や物語などを通じて、逞しく表現されていることである。

ところでゾーエーとは、途切れることのない無限の生命を意味するギリシア語であるが、ゾーエーに対して、簡単に破壊される生物個々の有限な生命はビオスと呼ばれる。近代文明は、生命をビオスのみに限定することによって、科学を躍進させることに成功したが、それと引き換えに、永遠の生命であるゾーエーに対する身体的感覚を放棄することになった。

古代人や、その末裔と思われる先住民族の特徴の一つが、目に見えないゾーエー的世界に対する鋭い感覚をもっていることであり、そこに近代文明人が謙虚に学びとるべき貴重な文化遺産が秘められている。古代日本では東北北部と北海道南西部が共通の文化をもっていたことが、考古学的にもかなり明らかにされているが、賢治の血にもアイヌに通じるゾーエー的生命感覚が流れていたと考えても、そんなに荒唐無稽なことではないのではなかろうか。

## 秘められた題目の響き

さらに賢治の力強いリフレインの背後には、彼の題目の実践が大きくかかわっているように思われる。彼は十八歳のときに法華経に出会い、その中の「如来寿量品《にょらいじゅりょうほん》第十六」を読んだときは、体の震えが止まらないぐらい感動を覚えたという。盛岡高等農林学校を卒業後、担当教授から推薦のあった助教授への道を辞退したのも、学校を離れて法華信仰に邁進するためであった。やがて家出までして、熱烈な日蓮主義を標榜する国柱会《こくちゅうかい》に入会している。

私はかつて米国東部のフィラデルフィアに暮らしていたとき、雨の日も風の日も夜の交差点に一人立ち尽くして、バラを売ろうとする統一教会の若者を何度も見かけたことがあるが、ひとつの宗教を信じ切る若者の真摯さには、まことに近寄りがたいものがある。きっとオウム真理教の信者たちにも、そういう一面があったのだろうが、賢治も彼らに負けず劣らず、信仰においては一徹なものを持っていたのである。

はにかみ屋のイメージが強い賢治だが、彼はうちわ太鼓を叩きながら大声で題目をあげ、花巻の街を練り歩いたりもしている。題目は、彼の体の一部になるほど実践されていたにちがいない。法華信仰に心酔し、昼夜をわかたず題目を唱える賢治にとっては、「南無妙法蓮華経」の響きは生命そのものだったのではなかろうか。私の憶測を裏付けするような彼の詩がある。それは「青森挽歌」の一節である。

わたくしがその耳もとで
遠いところから声をとつてきて
そらや愛やりんごや風　すべての勢力《エネルギー》のたのしい根源
万象同帰のそのいみじい生物の名を
ちからいつぱいちからいつぱい叫んだとき
あいつは二へんうなづくやうに息をした

これは愛する妹トシの臨終の床で、賢治が題目を唱え、それに呼応するようにトシ子が二度首肯《うなず》いた光景を変化させたものである。「ナンミョーホーレンゲーキョ」という力強い響きがその肉体の中にいつも渦巻いていた賢治にとっては、「万象同帰のそのいみじい生物の名」と呼べるものは、題目以外になかったはずである。

私は法華信者ではないが、題目の響きは日蓮以来、彼の教えを信じる者の血となり肉となり、彼らがいかなる困難に直面しても、それを克服する勇気と生命力を与えてきたことは、想像に難くない。それと同じものが、賢治の全作品の基調になって、独特の文体を形成しているのである。賢治が綴る文章に、単なるレトリック上の美ではない、不思議な生命感が漂うのは、やはり彼の宗教的体験がその創作活動の基盤となっていたからであろう。

## 人間と動物が共鳴しあう

賢治の童話には人間と人間ならざるものの間に、何の格差もない。それは密教でいう感《かん》応道交《のうどうきょう》の世界であるが、人間、動植物、物質、天体などが、同じ生命体として交叉しあう話の展開の仕方は、まさに〈野性〉詩人・賢治の独壇場である。

　　キックキックトントン、キックキック、トントン、
　　　凍《し》み雪しんこ、堅雪かんこ、
　　　　野原のおそばはぽっぽっぽ、
　　　酔ってひょろひょろ清作が
　　　　去年十三ばい喰べた。

キック、キック、キック、キック、トン、トン、トン（「雪渡り」）

この作品の中で野狐たちと戯れているのは、雪ぐつをはいた四郎とかん子という農民の子だが、このフレーズを口ずさめば、大人だってその輪の中に入っていきたいという衝動に駆られてしまう。

そういえば、動物の輪に加わるのは、かん子だけではない。「鹿踊《ししをど》りのはじまり」に出てくる嘉十も、たまらなくなって踊る鹿たちの隊列の中に飛び込んでしまう。

太陽はこのとき、ちやうどはんのきの梢の中ほどにかかつて、少し黄いろにかゞやいて居りました。鹿のめぐりはまただんだんゆるやかになつて、たがひにせはしくうなづき合ひ、やがて一列に太陽に向いて、それを拝むやうにしてまつすぐに立つたのでした。嘉十はもうほんたうに夢のやうにそれに見とれてゐたのです。

一ばん右はじにたつた鹿が細い声でうたひました。

「はんの木《ぎ》の
みどりみぢんの葉の向《もご》さ
ぢやらんぢやららんの

お日さん懸がる。」
その水晶の笛のやうな声に、嘉十は目をつぶつてふるへあがりました。右から二ばん目の鹿が、俄《には》かにとびあがつて、それからからだを波のやうにうねらせながら、みんなの間を縫つてはせまはり、たびたび太陽の方にあたまをさげました。それからじぶんのところに戻るやぴたりととまつてうたひました。
「お日さんを
せながさしよへば、はんの木《ぎ》も
くだげで光る
鉄のかんがみ。」（「鹿踊りのはじまり」）

すすきの陰から鹿の踊りをのぞき見ていた嘉十は、ついに自分を抑えきれず、夕陽を礼拝しながら、笛のような声で歌い続ける鹿の中に舞い込む。これらの作品には、共鳴しあう人間と動物の姿が描かれているが、それは賢治が豊かにもっていた生命感覚の「心象スケッチ」だ。いてもたってもおれず、思わず動物の世界に飛び込んでいくというのは、賢治文学のモチーフの一つだと思うが、それは同じ生命を分かちあうものとして、動物にも植物にも、賢治がどこまでも深い親しみを体ぜんたいに感じていたことを示している。

## 禁欲主義者の官能

雨ニモマケズ
風ニモマケズ
雪ニモ夏ノ暑サニモマケヌ
丈夫ナカラダヲモチ　……

宮澤賢治といえば「雨ニモ負ケズ」の詩を思いだすほど、利他的なイメージが強い。そのためか国語の教科書には、必ずといっていいほど、その詩が載せられている。

だからといって、彼のことをどこまでも精神の澄み切った道徳的人間と考えるのは早計である。熱心な法華信者である彼が、利他の精神が大切であることを早くから自覚していたというのは事実だとしても、私は賢治がきわめて官能的な人間だったと思っている。官能的な感覚の持ち主でなければ、動物と同じ地平に立って、共鳴しあえるはずなんかないのである。

賢治が短い生涯のあいだに恋心を抱いた女性も二、三人はいたらしいが、結局、そのいずれも実らず、結婚に対してはむしろ否定的な考えを抱くようになっていた。「肉体労働と精神労働とそれに性欲と、この三つを一度に生活のなかに成り立たせるということは、まずできません」などと言ったりしている。

しかし、それは賢治が性に無関心だったことを意味しない。むしろ、その反対である。彼は二十三歳ごろから、春画を集め始め、かなりの量を保管していたらしい。それを農学校の同僚にも見せて、そこにあからさまに描かれている男女の姿態について論じたりもしている。ハバロック・エリスの『性学大全』の原書も熱心に読みふけっていたというから、やはり性的な関心は相当強くもっていたのである。

ところが性欲のためにエネルギーを浪費することは愚かであると考えていた彼は、性欲が高じてくると、夜中に野外を歩き回ったり、題目を大声で唱えたりして、ついに童貞を守ったようである。ある朝、紅潮した顔で道を歩いていた賢治に親戚の人が話しかけると、「岩手郡の外山牧場へいって一と晩じゅう牧場を歩き、いま帰ったところです。性欲の苦しみはなみたいていではありませんね」などと、いともあっさり応えている。それは悲壮なようで、どこか滑稽な禁欲主義であった。

そのように恋人ももたずに、禁欲的な生活を自分に強いていた賢治であったが、そのぶんだけ「ある時にはかえって二人の肉体的な情炎を燃え立たせた」（青江舜二郎『宮澤賢治――修羅に生きる』）と言われるほど、妹トシとの関係には濃密なものがあったらしい。彼女は家族の中で唯一人、賢治と同じ法華信仰をもち、彼の作品のよき理解者でもあった。地元の女学校の教師をしていた彼女は、東京の大学で学生だったころにかかった結核をこじらせ、とうとう二十四歳という若さで死んでしまう。

けふのうちに
とほくへいつてしまふわたくしのいもうとよ
みぞれがふつておもてはへんにあかるいのだ
（あめゆじゆとてちてけんじや）
うすあかくいつそう陰惨《いんざん》な雲から
みぞれはびちよびちよふつてくる
（あめゆじゆとてちてけんじや）
……中略……
蒼鉛《そうえん》いろの暗い雲から
みぞれはびちよびちよ沈んでくる

ああとし子
死ぬといふいまごろになつて
わたくしをいつしやうあかるくするために
こんなさつぱりした雪のひとわんを
おまへはわたくしにたのんだのだ
ありがたうわたくしのけなげないもうとよ
わたくしもまつすぐにすすんでいくから
（あめゆじゆとてちてけんじや）
……以下略……
（「永訣の朝」）

深い絶望的な悲しみの中にありながら、賢治は妹の「あめゆじゆとてちてけんじや（雨雪をとってきてください）」という言葉を繰り返すことによって、どこか官能的な詩情を創りだしている。

賢治の作品から官能の美を感じるのは、どうやら私だけではないらしく、筒井康隆も次のような告白をしている。

まだ十歳にもならぬころ、宮澤賢治の童話から受けた性的感動は現在でも新鮮なものとして蘇らせることができる。賢治童話の文章には、特に性的に過敏な、そして一部未発育な時期の少年読者に対して強く働く性的な感覚を伴った言語が含まれていて、それは賢治童話というものが本来謂うところの性的感覚とはまったく無縁に成立している文学であるが故に尚さら激しく少年読者に立ち向かってくるようだ。繰り返すがそれはあくまで少年の性的感覚であり大人のそれではない。(「賢治童話の官能」)

巷間に出回る官能小説には、露骨な性描写を過剰なまでに供給して、かえって官能の美を損なっていることが多いが、賢治は男と女すら登場させずして、読者に「性的感覚」を感じさせてしまうのである。それは彼の旺盛な官能が作品を通じて滲み出てくるからだろう。

一郎がすこし行きますと、そこはもう笛ふきの滝でした。笛ふきの滝といふのは、まつ白な岩の崖のなかほどに、小さな穴があいてゐて、そこから水が笛のやうに鳴つて飛び出し、すぐ滝になつて、ごうごう谷におちてゐるのをいふのでした。(「どんぐりと山猫」)

現実の女性とは恋愛関係すらもてなかった彼が、このような露骨ともいえる性的イメージを描写するには、春画や『性学大全』の影響があるのだろうか。ちょっと意地の悪い見方をすれば、ろくに生身の女性と口も利けずに、アニメやネット上の美少女に感情移入する特殊な性的嗜好をもった若者と、賢治は少しばかり似ているところがあったのかもしれない。

しかし幸いなことに賢治は、一歩まちがえば陰湿な性的変質者になったかもしれない危険性を抱えながら、自己の官能をイメージの世界に豊かに開花させていくすべを知っていたのである。彼が短い生涯のあいだに築き上げた〈野性〉の文学は、やはり彼の肉体の中で起きていたロゴス（理想主義）とパトス（情念）の激しいせめぎ合いの所産といえよう。

私はかつて『法然対明恵——鎌倉仏教の宗教対決』（講談社選書メチエ）という本の中で、女色を近づけないために仏前で自らの耳を切り落とすほど極端な禁欲主義を守った明恵が、夢の中で女性との官能的な関係を深めていき、それを見事に宗教体験に昇華させていった心理的メカニズムを論じたことがある。

中世初期に華厳思想の実践をした明恵と、近代において法華思想の実践をした賢治の間には、その一途な生真面目さと、豊かなイメージの世界で自分の魂を磨き上げていったことにおいて、非常に似通ったものがあるように思える。

## 「心象スケッチ」と〈物質的想像力〉

幻想的な作品を創作し続けた賢治であったが、同時に彼は科学者として冷徹な観察眼をもそなえていた。野外に出るときは、首から鉛筆とノートをぶら下げて、目に留まった自然の風景を丹念に記録して歩いた賢治の姿は、紀州の山中で何年も粘菌を見つめ続けた南方熊楠にも通じるところがある。そもそも賢治が自分の詩のことを〈心象スケッチ〉と呼んだのは、実際に自分の目で観察したものを使って、内面世界を描写しようとしたからだ。

では、賢治は肉眼で観察したものをどのようにして〈心象スケッチ〉に転換させたのであろうか。そのことについて大きなヒントを与えてくれるのは、「詩人のなかで最も哲学者であり、哲学者の中で最も詩人である」といわれたG・バシュラールの〈物質的想像力〉という考え方である。

世界を構成している火、水、空、土などの物質的要素は、それを深く見つめることができる詩人たちに、それぞれ特徴のあるイメージを喚起する作用をもっているというのが、バシュラールの〈物質的想像力〉である。

それらの物質的要素によって引き起こされる想像力は、自分の目に映るイメージをデフォルメ（変形）し、その常識的イメージからわれわれを解放し、イメージを根本から作り変えてくれる。たとえば、火を見たとすれば、そこから次のような夢想がはじまるかもしれない。

火はそれを観想する人間にとっては急変する生成の一例であり、また偶発的な生成の一例である。流れる水ほど単調でもなく、抽象的でもなく、叢みの中で毎日私たちが見張る雛鳥よりもすこやかに育ち、変わっていく火とは、時間を変化させ、駆りたてて、生命をそのままその終末へ、その彼岸へとつれていこうとする欲望を暗示している。そのときだ、夢想が真に魅惑的になり、劇的となるのは。夢想は人間の運命を押しひろげる。それは小さなものを大きなものに、炉を火山に、一本の薪の生命をひとつの世界の生命に結びつける。火に魅せられた者は「焚死《ふんし》の叫び」に耳を傾ける。彼にとって火による破滅とは単なる変化以上のもの、まさしく転生なのである。（ガストン・バシュラール、前田耕作訳『火の精神分析』）

電気が普及する以前の時代では、人々は長い夜をチョロチョロと燃え続ける火を見つめて過したのであり、そこにバシュラールのいうような夢想も、きっと生まれたはずである。また縄文人の火焔土器のことについて先に触れたが、そのような卓越した造形力をもっていた縄文人も、まちがいなく火の哲学者だった。

賢治の場合、地質学者でもあったわけだから、ハンマーをもって、あちこちに鉱物採取に出かけている。彼の作品に登場する鉱物は三百種類以上あるらしいが、それらの一つ一つが賢治の〈物質的想像力〉の発火点になったのではなかろうか。たとえば、言葉の魔術師の手にかかるとオパールは、次のように描かれるのである。

　ホモイは玉をとりあげて見ました。玉は赤や黄の焔をあげてせはしくせはしく燃えてゐるやうに見えますが、実はやはり冷たく美しく澄んでゐるのです。目にあてて空にすかして見ると、もう焔は無く、天の川が奇麗にすきとほってゐます。目からはなすと又ちらりちらり美しい火が燃え出します。（「貝の火」）

賢治には生涯読み続けた座右の書が二つあった。一つは法華経であり、もう一つは当時としては最先端の科学知識を盛り込んだ片山正夫著『化学本論』である。前者は空想的ともいえるホトケの世界を描いた宗教書、後者は緻密な観察と論理によって構成されている科学書であるが、この二書が賢治の思考の中でぶつかり合い、そこから〈物質的想像力〉というエネルギーを生みだしていたのかもしれない。『春と修羅』の序など、まさにそのような印象を受ける文章である。

わたくしといふ現象は
仮定された有機交流電燈の
ひとつの青い照明です
(あらゆる透明な幽霊の複合体)
風景やみなといつしよに
せはしくせはしく明滅しながら
いかにもたしかにともりつづける
因果交流電燈の
ひとつの青い照明です
(ひかりはたもち　その電燈は失はれ)

バシュラールは〈物質的想像力〉以外に、〈形式的想像力〉というものがあって、それは物質的要素の観察とはかけ離れたところで生じる人間の心理作用であり、花や鳥のように現実世界に実際に存在するものでありながら、現在、目の前にないものを想像する力だと定義づけている。

高村光太郎はかつて「賢治さんの童話を読むと、これまでの童話類は何だか実がなくて、ただ大人が子供の為にわざと書いたものに過ぎなく見えて来て、つまらないといふことをよくききます」と語っている。高村がそのような印象を受けたのは、たいていの童話作家が創作過程において〈形式的想像力〉を使ったとしたら、賢治の創作の核心にあるのが、対象をじっくりと観察して掘り下げ、そこから生まれてきたパワフルな〈物質的想像力〉であったからではなかろうか。

## 賢治が教えたガイア思想

東北の厳しい自然の中で農業を営むことの困難に直面していた〈野性〉の詩人は、現実に立ちはだかる困難が大きければ大きいほど、幻想的なイメージで構成された四次元の世界に浸ろうとしたのかもしれない。彼の作品に描かれているのが、ただ美しく清らかなファンタジーの世界であるのなら、時間を経ずして読者に飽きられてしまったであろう。

しかし高村光太郎がいったように、賢治文学に親しむということは、他の文学作品を鑑賞するのとは、ちょっとわけが違う。彼の詩と童話を読む者は、知らず知らずのうちに彼と同じ生命感覚を共有することになる。たとえ童話を読んでいても、そこには何か宗教的とでもいおうか、仏典でも読むような厳粛さがある。

それにしても、われわれは賢治から何を学ぶべきなのか。そのような問い掛けに対して、彼自身が見事な解答を用意してくれている。

……われらはいっしょにこれから何を論ずるか……

おれたちはみな農民である　ずゐぶん忙がしく仕事もつらい
もっと明るく生き生きと生活をする道を見付けたい
われらの古い師父たちの中にはさういふ人も応々あった
近代科学の実証と求道者たちの実験とわれらの直観の一致に於て論じたい
世界がぜんたい幸福にならないうちは個人の幸福はあり得ない
自我の意識は個人から集団社会宇宙と次第に進化する
この方向は古い聖者の踏みまた教へた道ではないか

新たな時代は世界が一の意識になり生物となる方向にある
正しく強く生きるとは銀河系を自らの中に意識してこれに応じて行くことである
われらは世界のまことの幸福を索ねよう　求道すでに道である

（「農民芸術概論綱要」）

この短い文章の中に、人類がこれから挑戦していかねばならない重要な課題がいくつか予言されている。賢治の生涯は短かったが、彼の予言者的な使命は、その作品を通じて充分に果たされたといっても過言ではない。

「近代科学の実証と求道者たちの実験とわれらの直観の一致に於て論じたい」は、科学と宗教と芸術の融合を図りたいということである。科学者も最近は、非線形、ファジー、複雑系など、次々と新しい領域を開発しつつあるが、やがて科学と宗教と芸術の三者の間に、接点が見えてくるはずである。

「世界がぜんたい幸福にならないうちは個人の幸福はあり得ない」というのは、個人と共同体の問題である。われわれの理解する個人主義は、たいていの場合、共同体への責任をないがしろにしたままの個人的権利の主張とすり替えられてしまっている。そのため地域社会や国家、あるいは世界といった大きな共同体の中での個人の位置が、非常に不確かなものになりつつある。ごく卑近な例でも、町内会の人々や職場の同僚との人間関係もますます希薄なものになって、そのぶん厄介なシガラミから自由になったものの、何か砂を噛むような生活感覚が残ってしまったのである。

「新たな時代は世界が一の意識になり生物となる方向にある」。これは、あきらかに賢治によるガイア思想の宣言である。ガイア思想とは、J・ラヴロックが唱える「地球は、それ自身がホメオスタシス機能をもつ、一つの生命体である」という考え方に基づく、新しい科学理論である。〈野性〉的生命感覚をもっていた賢治は、この思想を早くから体で感じていたのだ。

　じつにわたくしは水や風やそれらの核の一部分で
　それをわたくしが感ずることは水や光や風ぜんたいがわたくしなのだ（「種山ヶ原」）

これと同じことを仏教ふうにいえば「草木国土悉皆成仏《そうもくこくどしつかいじようぶつ》」となるだろうが、賢治の柔らかい言葉のほうが、はるかにわれわれの胸に迫ってくる。個人と共同体の繋がりが切れず、その両者が自然という大きな生命に抱かれて存続していることを体ぜんたいで自覚したところに、賢治文学の原点があるといえるが、彼の未来的な作品は、これからもますます多くの人々に読み継がれていくだろう。

もう一度明らかにしておきたいのだが、賢治の独創的な想像力は、彼自身の宗教的理想、科学的な自然観察、官能的な感覚の三者が渾然と融合したところに生まれてきたものにほかならない。文学とは何の関係もない職業に携わっているわれわれであっても、この〈野性〉の詩人から学ぶべきことは、自然現象である自己の肉体の奥深くに秘められているイメージ構築力を回復して、そこから現状を打破する糸口を発見していくことではなかろうか。

## 5　松下幸之助の直観力

### 「経営の神様」にみる思想性

ここまで〈野性〉の実践の仕方として、信長の決断力、龍馬の行動力、円空の造形力、賢治の想像力について述べてきたが、現代は経済最優先の時代だから、経済活動の中にも大いに〈野性〉が活かされてこなくてはならない。そこで取り上げてみたいのが、松下電器産業の創立者松下幸之助（一八九四―一九八九）の生き方である。

幸之助はすでに生前から立志伝中の人となっていたが、家柄、学歴、資本などを背景とせずに、文字どおり裸一貫、自分の創意工夫だけを頼りに、一代で世界的スケールの多国籍企業を作り上げたという点で、〈野性〉的人間たる資格は充分満たしている。

彼は和歌山の小地主の家に八人兄弟の末っ子として生まれ、はじめは恵まれた環境で育った。しかし、そのうち父親が米相場に手を出して見事に失敗し、すべての財産を失ったため、幸之助も小学校四年で丁稚奉公に出ざるを得なくなったのである。初めは火鉢屋で子守と火鉢磨きをやらされ、次は自転車屋で小間使いをやっている。

そのような生い立ちの幸之助が、あそこまでの成功を遂げたわけだから、彼が非凡の経営者であったことは今さらいうまでもない。しかし、宗教学者の私が注目するのは、彼の経営能力そのものよりも、その背後にあった思想性である。最近のいわゆるサラリーマン社長には、そのソツのなさにおいて大いに磨きがかかった人物が多いが、ソツのないぶんだけ哲学もない。そこに低迷が続く日本経済の一因があるような気がする。

現代においては、個性ある〈野性〉的人材は大企業よりも、むしろベンチャー企業のほうに見出されるのかもしれない。考えてみれば戦後日本経済の牽引力となった松下幸之助、本田宗一郎、井深大、盛田昭夫なども、みんな小さな町工場でユニークな技術を開発することを出発点としているのであり、今でいうベンチャー企業から世界的な企業を育てあげたわけである。

## 〈テクネー〉の本質を生きる

幸之助は小学校を四年生で中退したというだけあって、体系だった理論を語ることはなかったが、「物を作る前に人を作れ」という、きわめて単純明解な哲学をもっていた。そして、その哲学どおりの経営を実践して目覚ましい成功を収めたからこそ、「経営の神様」と呼ばれるようになったわけである。

しかし、幸之助がどれほど商売上手であったとしても、彼の本質はなんといっても職人である。彼の最初の仕事は、一九一八年、妻むめのと義弟井植歳男らとともに立ち上げた松下電気器具製作所で、アタッチメント・プラグ、二灯用差込みプラグ、焼物製電灯ソケット、自転車用砲弾型ランプなどを製作することであった。

とくに松下電器の成功の礎となった自転車用砲弾型ランプの開発に、幸之助は心血を注いだ。当時の自転車に使われていたローソクランプ、ガスランプ、三時間ぐらいしかもたない電池ランプにとって代わって、三十時間以上も点灯可能な実用的ランプを開発しようとしたのである。六カ月ほどの間、寝ても覚めてもランプのことを考え、百個近い試作品を作ったあげくに、ついに砲弾型のものを思いついたらしい。そのような技術開発能力にあわせて、幸之助の事業の運び方や人の使い方には定評があったから、その後も家庭電化製品を中心に次々と登録商標を取得し、事業を伸ばしていったのである。

ところで〈野性〉的技術屋であった幸之助本人にその自覚があったかどうかは別だが、「モノを作る」という行為から自分なりの経営哲学を獲得したということは、技術のもつ本来的意味に最もかなったことなのである。

「モノを作る」ためには、まずテクノロジー（技術）が必要となるが、そのテクノロジーという言葉はギリシア語のテクネーを語源としている。テクネーそのものは単に「出で来らす」という意味なのだが、この言葉がはらむ文明論的な意味あいを探ったのが、哲学者ハイデガーである。

彼によれば、テクネーの類似語はアレテイアであり、それは「隠れてある事物をあらわにする」ことを意味した。職人の巧みな技術によって、家が建ったり、家具が組み立てられたり、茶碗が焼き上がったりする。そのとき職人は、いまだ素人の肉眼には見えず、どこかに隠れているモノを現実世界に「出で来らす」仕事をしているわけだ。だから、テクネーとアレテイアが緊密な関係にあるとされる。

ところが近代になると、このテクネーが自然を挑発し、そこに秘蔵されていたモノを無理やりに引っ張り出そうとするようになった。その結果、本来なら自然界に存在しないようなマテリアルも作り出し、とうとう自然の法則から遠くかけ離れた巨大な力を生みだすことになった。プルトニウムを燃料とする原子力など、その最たるものである。そこにハイデガーの近代技術に対する深刻な危機感があった。

テクネーが文明社会にもたらした恩恵は計り知れないものがあるが、それは同時に原爆や水爆も生みだし、いつでも瞬時にして人類を破滅へと押しやることができるようになった。ハイデガーのテクネーに対する危惧の念は、杞憂ではなかったわけである。

しかし私がここで注目したいのは、近代におけるテクノロジーの独走ではなく、今ではすっかり別物として扱われているテクネー（技術）とアート（芸術）の距離の近さである。なぜなら、アートも自然の中に隠れているものとしての美を、われわれの眼前に「出で来らす」ことにほかならないからである。技師は工場で製品を生産し、芸術家はアトリエで芸術品を創作するが、両者ともに「隠れてある事物をあらわにする」アレテイア的仕事に携わっていることにおいて、まったく共通している。

最近注目を集めているNHK番組「プロジェクトX」では、日本がまだ貧しかった戦後に、弾丸列車と呼ばれた新幹線を走らせたり、国産旅客機YS11を飛ばすことに命を懸けた技術者たちを次々と紹介しているが、そのような人々も、おそらく〈テクネー〉と〈アート〉の近さを体で感じ取っていたのではなかろうか。そこに登場する人々は、技術開発の難しさを語る以上に、新しいモノを創り出すことの喜びを全身から放散させている。

常識的な発想では実現しそうもないモノを作りだすとなれば、合理的な思考に加えて、力強い想像力が不可欠である。それは彫刻家が、何の変哲もない木の塊から、人の心を打つ見事なオブジェを彫り出してくるプロセスと似ている。そのときこそ、技術と芸術の距離がぐんと縮まってしまうのである。もしも自分の開発している技術に何らかの芸術性を感じられないというのなら、そこにオリジナリティーが欠落していないか、やる気のあるエンジニアなら一度は疑ってみるべきだろう。

## 経営という芸術

私が幸之助のことを〈テクネー〉がもつ本来的な意味を回復し、実践した現代日本の経営者のひとりと考えるのも、彼が自分の仕事に〈アート〉を感じ取っていたからである。『松下幸之助経営語録』の冒頭に、次のような言葉が記されている。

私は、経営者というものは広い意味で芸術家だと思っている。というのは、経営そのものが一種の総合芸術だと考えているからである。

たとえば、絵描きが一枚の白紙に絵を描く。その出来ばえいかんで優れた芸術家と評価もされ、その絵は名画として永遠に残ることにもなる。要するに画家は白紙の上に価値を創造するわけだ。

経営についても同じだと思う。いや、むしろ経営者というものは、白紙の上に平面的に価値を創造するだけではない。立体というか、四方八方に広がる広い芸術を目ざしている。だから経営とは、生きた芸術、総合的な生きた芸術だと思うのだ。経営者はつねにそういう観点から経営を見ていかなければならないと私は考えている。

となれば、経営とはすばらしいもので、経営者とはまさに総合芸術家だ、ということになる。したがって単なる金儲けとか、合理的な経営をするとか、そんな観点だけから経営を見てはいけない。結局、人生とは何なのか、人間とは何なのかというところから出発しなければならないほどのものだと思う。

いやしくも自分の職業に対してプロ意識をもつ人なら誰でも、松下がここで語っていることに、すぐに共感を覚えるはずである。芸術とは、美術、音楽、文学などの分野で作品を創造することだけではないのである。何か一つのことを、とことん突き詰めていくと、その中途で絶望的な混乱を体験するものだが、それを耐えて進んでいけば、あるとき忽然と、非常に透明なものが見えてくることがある。そしてその透明さには、一種の美的感覚が伴っている。

おそらく数学の問題でもそうだと思うのだが、難攻不落の命題を前にして、発狂せんばかりに悩んだ揚げ句に、ふと解答がどこからともなくこぼれ落ちてきたりする。その解答が示されている無味乾燥な方程式を素人が見ても何の感慨も湧かないだろうが、それと日夜取り組んでいる数学者にとってみれば、この世に生きて、それ以上の美を体験することはまず不可能と感じることもあるはずである。ここまで至れば、サイエンスである数学と芸術の境界線も曖昧になるのであり、そのせいか第一級の数学者の中には、芸術を愛する人が多いのも事実である。

スポーツ選手だって、血のにじむような練習を繰り返した後、ふと非常に満足のいくプレーができたりする。彼らは、それを「ゾーン」に入るなどと表現するが、その無我無心の状態もまた、ひとつの芸術体験といってよい。ゴルフ界の第一人者タイガー・ウッズなどはその典型であり、彼は名声どおりに勝利をおさめなければいけないというプレッシャーから緊張することは少なく、グリーンの上でしばしば「ゾーン」状態にあると告白している。

だから芸術というものは、いかなる職業にも内蔵されている美の可能性だと思う。たとえ報酬が少なく、人の注目を集める仕事でなくても、そこに心を注ぎ込んでいるかぎり、本人の目にはキラリと光るものが必ず見えてくるはずである。それが職業の喜びであり、もしそのような職業を一般市民が見つけることのできない社会があるとすれば、それがいちばん腐敗した社会だと思う。

みずからの企業経営に深い創造性を感じていた松下幸之助も明らかに芸術家であったが、彼の場合、経営も「人生とは何なのか、人間とは何なのかというところから出発しなければならない」とまで言っているわけだから、芸術からさらに一歩踏み出て、何か宗教的な気配さえ感じられる。幸之助は経営者としては珍しく、啓蒙書ともいうべき著作を多く残しているが、それは彼が商売を商売のためとせず、自己の思想性を深める道としていたからであろう。

## 危機感が育てた直観力

事業経営について何の知識も経験ももたない私には、幸之助の経営方法を論評することはできない。しかし、あそこまで未曾有の事業をやり遂げた彼のリーダーシップを、ビジネスの観点からのみ分析するというのは、もったいない話である。そこには、心理学や社会学などの立場からでも、じゅうぶんに研究対象となり得る広がりと深さがあると思われる。

そこで私が焦点をあててみたいのは、彼の鋭い直観力である。幸之助は新しい製品を作る上でも、事業を拡大していく上でも、つねに厳しい判断を迫られたはずだが、そのつど彼が〈テクネー〉を通じて養ったカンが働いていたように思う。

カンというと、一見非科学的なもののように思われる。しかしカンが働くことはきわめて大事だと思う。指導者は直観的に価値判断のできるカンを養わなくてはいけない。

それでは、そうしたカンはどうしたら持つことができるのか。これはやはり経験を重ね、修練をつむ過程で養われていくものだと思う。昔の剣術の名人は相手の動きをカンで察知し、切っ先三寸で身をかわしたというが、それは、それこそ血のにじむような修行を続けた結果であろう。そのように指導者としても、経験をつむ中で厳しい自己鍛練によって、真実を直観的に見抜く正しいカンというものを養っていかなくてはならない。

(『一日一話』)

おそらく幸之助の直観力には生まれつきのものがあったと思われるが、それが製品開発という〈テクネー〉の鍛練を受け、さらに商売の実戦現場で真剣勝負を重ねることによって、ますます研ぎすまされることになったのであろう。彼自身も自分のカンの的中率の高さを認めている。

ぼくは、この松下電器の経営をして六十年になるんですけれども、いわゆる科学的に学問的に研究してやったものは一つもない。

これをやったらいいだろう、この仕事は将来大いに伸びるだろうということで、まあいわばカンですな、むずかしくいえばインスピレーションといいますか、そういうカンでみなやったんです。それがほとんどといっていいほど当たった。当たらないものもなかにはありましたけれでも、大部分は、八割までは当たった。（『松下幸之助発言集』）

「いわゆる科学的に学問的に研究してやったものは一つもない」と言い切るところは、体を張って生きた〈野性〉的経営者としての面目が躍如としている。そもそも彼が周囲から期待をかけられていた自転車屋の仕事を辞め、大阪電灯という新興の会社に勤めだしたのも、大阪に市電が走り出したのを見て、これからは電気事業だというカンが働いたからである。丁稚奉公をしていた十代のころから鋭い直観力の持ち主であったことが伺い知れる。

幸之助は事業をほぼゼロの状態で始めてから引退するまで、つねに事業開発のパイオニアとして働いていたので、先人が敷いたレールの上を走るという経験をまったくもたなかった。参考にすべきデータがないわけであるから、状況判断は自分で下す必要があったのである。今の日本では政財界ともに、二世が大きく進出しているが、彼らがどれだけ優秀な人たちであっても、前人未踏の道を歩んできたパイオニアとは、同じだけの〈野性〉を獲得することはできない。そこに二世議員や二世経営者の宿命的限界がある。

リスクが大きければ大きいほど、直観力は鋭くなる。たとえば、オーストラリアのアボリジニやマレーシアの奥地に住むオラン・アスリは、まったく道のない広大な砂漠や鬱蒼たるジャングルの中を移住して回る。つぎにどちらの方向に向かって歩いて行けば良いのか、その判断は彼らの直観力だけが頼りである。どこに行けば水があり、食糧が手に入るのか、彼らはカンを働かすわけである。そのカンに狂いがあれば、部族全員が餓死することになる。

そのとき、一番頼りになるカンの持ち主は、たいてい長老である。長老といっても、彼らはあまり長生きしないから、実際の年齢は五十歳前後かもしれないが、その集団でいちばん経験を積んでいるものが、その役割を果たす。

松下電器産業という部族の長老的役割を果たしてきた幸之助が、抜群の直観力を身に付けたのも、同じ道理である。いくら名門大学の出身で、英語も流暢に話せ、幅広い人脈をもっていたとしても、決定的な場面で直観力を働かせることのできない人物をトップにあおぐ企業は、残念ながら不幸な選択をしたことになる。

## 無学歴の効用

幸之助の独創的な経営手腕は、野生動物がもつ嗅覚のように鋭いカンに支えられていた。そのカンに磨きをかけたのは、彼が商売を通じて経験した、戦場に臨むような緊張感だと思うが、もう一つ大事な要素があると思う。

それは、彼がほとんど学校教育を受けていないという事実だ。学校教育が人間形成の上で非常に大切なものであることは論を俟たないが、それと同時に、学校教育のもつ限界や消極面を理解しておくことも大切である。

どれだけ名門といわれる優秀な学校に入ったとしても、都合のいいことがあるのと同じぶんだけ、子どもが本来もっている潜在能力の芽を摘んでしまう危険性が伴っていることを、しっかりと理解しておくべきだろう。最近、アメリカで子どもを学校に通わせず、自宅で学習させる親が急増しているのも、そのためである。

学校が若者にどれだけの知識を供給するかは二次的な問題で、モノを学ぶということの楽しさを教えることができれば、上々だと思う。学ぶことの楽しさを少しでも垣間見れば、あとは放っておいても、若者は自分の好きなことについて、貪欲な知識吸収をする。それは本能的といってもよい。

しかし、カリキュラム、教科書、テスト、教師の教授法などの要素から成り立っている学校教育では、どうしても生徒たちを一定の思考法に押し込むことになる。特殊な教育法を推進している学校にでも行かないかぎり、勝手気ままに自分流の勉強をしていれば、その子は遅かれ早かれ劣等生か落第生になるに決まっている。教育制度というベルトコンベアに乗った以上、全体と歩調を合わせていかざるを得ないのだ。そのために子どもたちの個性伸長が抑圧され、発想法が一定のパターンにはまってしまうのは、ほぼ避けがたいことといえよう。

幸之助のように、まともに学校教育を受けなかった者は、体系だった知識吸収の機会を逃すことになるが、代わりに個性的で自由な発想法を伸ばすチャンスが増える。思考回路が、教科書やテストのために固定化されないからだ。幸之助自身も自分に学問がないことを次のように述懐している。


私には学問がないから自己弁護するのでもないが、学問はいうまでもなく尊いことに違いないが、これを活用しなければ何の役にも立たぬのみならず、かえってそれが重荷となって、その人生行路の大きな負担となる場合があることも考えなければならない。

私はひそかに思うが、学問の素養がなかったことが、かえって早く一辺の悟りを開き得て、今日あるを得たのだと思う。（『松下幸之助：私の行き方考え方』人間の記録10）

もし仮に幸之助が大学教育まで受けていたとしたら、あそこまでスケールの大きい経営者になっていたかどうか。多分ならなかっただろう。もちろん、もって生まれた才能というものがあるから、それなりの人物にはなっていたであろうが、やはり今日、われわれが目撃したようなスケールで立志伝中の人になったとは思えない。彼の場合、無学が幸いしたのである。

学校に行かなかった者がすべて、幸之助のように独創的な発想の持ち主になるというナイーブな議論をしているわけではないが、そのように考えれば、現在の不登校の子どもたちの中にも、将来大きく芽を伸ばす人材が、きっといるにちがいない。いろんな問題を抱えた子どもたちを最後まで育てあげる責任は、親にも社会にもあるわけである。ひょっとしたら、未来日本を救ってくれる偉大なリーダーが、彼らの中から登場してくるシナリオだって大いにあり得るのだから。

## 〈手の哲学〉と〈アタマの哲学〉

幸之助の場合からも分かるように、日本人にとってモノ作りというのは、生産活動である以上に、知的活動の性格をおびていることだ。明治の民権運動家である中江兆民は、「わが日本、いにしえより今に至るまで哲学なし」と言い切っている。有名なロダンの彫刻「考える人」のように、何もせず、ただ頭を抱えて考え込むことによって深まる思惟のみから哲学が生まれてくると考えるなら、中江兆民の発言は正しいかもしれない。

現在、海外でも知られている日本の哲学といえば、西田哲学ぐらいだと思われるのだが、それもカントやジェームスの思想を出発点としている。西田幾多郎は、東洋の思想を西洋の論理で解き明かそうとしたという意味で大きな業績を残したが、彼の思索が哲学として完成されたものと言えるかどうか、大いに議論の余地がある。

しかしそれでも、私自身は兆民の向こうを張って、「わが日本、いにしえより今に至るまで立派な哲学があった」と思っている。ただ日本人が哲学するときは、「考える人」のような姿勢で座り込むことはなかったのである。われわれが哲学するときは、必ず何か具体的なモノを作っているときである。いってみれば、日本人はアタマを使ってではなく、手を使って哲学してきたのである。

しかも私が見るかぎり、〈手の哲学〉が〈アタマの哲学〉よりも劣っている形跡はどこにもない。日本人はモノに託して自分の思想を見事に語り尽くしてきたのである。一幅の絵や一振りの刀にしても、そこに冒しがたい威厳を感じるのは、それを全身全霊で創りだした人間の思想が込められているからである。むしろ西洋の哲学は、J・デリダが批判したようにロゴス中心主義が高じて、しばしば〈知の陥穽《かんせい》〉にはまり込んでしまうが、わが日本の〈手の哲学〉は身体性が伴っているだけに、その危険性が少ないともいえる。

モノを作って哲学するわけだから、旨い酒を造るためにアタマをしぼる杜氏《とうじ》も、付きっ切りで登り窯の火加減をする陶芸家も、釘一本使わず見事な桶を作ってしまう曲げ物師も、日本の代表的な哲学者なのである。

しかし、彼らは自分たちの〈手の哲学〉について、あまり理屈を語りたがらないから、はた目にはタダの職人に見えてしまうだけである。モノを作る行為を通じて直観的に体得された哲学的思想が、どれだけ含蓄に富んだものであっても、職人はそれを言語で論理的に表現するのではなく、ふたたびモノ作りの行為を通じて表現しようとする。モノを媒体として実践される〈知〉の再生産を見抜く目がないかぎり、モノの中に埋め込まれた〈野性〉の哲学を解読することはできない。

だから西洋のロゴス中心主義の〈アタマの哲学〉のみを哲学と思い込んできた近代の思想家たちの目には、「わが日本、いにしえより今に至るまで哲学なし」としか映らなかったのである。われわれ現代の学者に与えられている使命の一つは、日本的土壌に埋没している哲学を発掘して、それを知的共通言語に翻訳しながら、世界に発信していくことである。

しかもモノ作りの系譜は、封建領主のもとに成立した家内制手工業に始まるのではなく、はるか縄文時代まで遡ることができるから、わが日本の〈手の哲学〉は、ギリシア哲学以上に長い歴史を経て、今日に至っているわけである。そのような民族の長い歴史の流れの中に、松下幸之助をはじめとして、本田宗一郎や盛田昭夫などのモノ作りに命をかけた〈野性〉的技術屋が出現してきたといえる。

アメリカ式グローバリズムが世界を席捲し、情報技術を駆使した金融や流通が経済活動の重要な位置を占めるようになったが、どのような時代であっても、日本はモノ作りの伝統を放棄すべきではない。そこに日本の真の強みがあるのであり、また日本人の思想のよりどころがあるのだから、目先の利害にとらわれず、自信をもって若い世代にモノ作りの系譜を伝達していくべきだ。

第四章

# 〈野性〉が創る日本の未来像

## 逆境が〈野性〉を育てる

前章で取り上げた五人は、歴史的にまったく異なった時空に活躍した人々だが、いずれも個性豊かな生き方をした。しかも彼らの仕事ぶりは、いかにも日本人的な性格をおびているにもかかわらず、彼らの打ち立てた功績は国内だけではなく、海外でも広く認められている。

昨今、「国際化」の勇ましい掛け声が飛び交うようになったが、国際的であるということは、単に英語を話せるとか、海外通であるということではなく、われわれが日本人として、その特徴を活かしながら、どこまで深みのある仕事を成し遂げるかにかかっている、ということを彼らが身をもって示してくれたといえよう。

海外生活の長かった私自身も痛感してきたことだが、特殊こそ普遍につながるのであり、特殊において強みを持たずに普遍を求めるのは、幻想に近い。論語にも「故きを温《たず》ねて新しきを知る」とあるように、日本人が本来持てるものを最大限に活かしたとき、時代を先駆ける画期的価値観が生まれてくるのであって、外国人の受け売りをしているかぎり、国際的に貢献度の高い仕事は生まれてこない。

ところで、この五人には共通点がある。それは彼らが、少なくともその出発点においては、いわゆるエリート階級に属さなかったことである。信長は地方の豪族に近い武家の出身であり、二つの織田本家や他藩の強力な封建領主に、いつ捻りつぶされても、おかしくない立場に置かれていた。家臣の多くは、うつけ者呼ばわりされていた三男の信長よりも、実直な長男の信広が家督を継ぐことを期待していたのである。長男と次男が正室土田御前が生んだ子供ではなかったため、辛うじて相続権が信長に与えられることになったまでである。

円空は、出生から負い目をおわされていたし、三十二歳で修験者になって後は、乞食《こつじき》の僧として、ずっと全国をさすらい続けた。天台宗の園城寺で正式な僧侶として認められ、血脈を受けたのは、やっと四十八歳のときであったし、木曾川のほとりに自分の寺を持ったのは亡くなる五年前であった。

坂本龍馬は土佐藩の郷士出身であったがゆえに、藩主直属の上士たちから疎んじられ、地元では政治的影響力を持ち得なかった。彼の本領が発揮されたのは、脱藩して、勝海舟など啓蒙的な人物に出会ってからのことである。しかも大久保利通や桂小五郎のような、学問や知謀に優れている勤王の志士と比べた場合、龍馬は最後まで野卑な田舎侍という雰囲気を漂わせていた。

宮澤賢治は、花巻の富裕な家に生まれ育っているから、地元のエリートとなる可能性をもっていた。しかし、長男として当然の責任であった家督相続を放棄しただけでなく、いつまでも老いた親に経済的依存を続けたのだから、当時の社会常識では典型的アプレ者であった。彼の作品は時代を飛び越えすぎていたために、生前、大衆に理解されることもなかった。おまけに健康に恵まれず、教師あるいは農業技術指導員として充分開花する前に、この世を去ってしまっている。

松下幸之助は破産した素封家の息子で、学歴がなく、丁稚奉公から、這い上がってきた人間である。次第に事業で成功を収めるようになってからも、財界のサラブレッドたちからは、無学の大阪商人として、うさん臭い眼で眺められていた時期があるのである。

このように彼らに共通しているのは、いろいろと不利な条件を背負いながら、自前の努力で自分の道を切り開いていったことである。むしろ彼らが直面せざるを得なかった逆境が、彼らの〈野性〉を育み、やがて非凡な才能を開花させたのである。

逆境が〈野性〉を育むのは、どうしてだろうか。順境なら通俗的見解や常識的発想力しかもたない人間でも、大過なくやり過ごせる。しかし逆境となれば、必死で考え、体を張って行動していかないと生き残れない。そこに〈野性〉的人間像が生まれてくるのである。

## 〈縄文的明るさ〉の復活

信長、龍馬、円空、賢治、幸之助という、いささかチグハグな取りあわせの〈野性〉的人間像には、マージナルな境遇から自力で這い上がり、ついに身を立てるに至ったという共通点があると書いた。しかし共通点といえば、もう一つある。

それは彼らの生き方に、不思議な明るさが漂っていることである。それは必ずしも性格的に明朗快活であったとか、ポジティブな思考法を身に付けていたという意味ではない。いずれも厳しい人生の修羅場をくぐりぬけてきた人たちだから、ときにはわれわれ凡人よりも何倍も激しく悩み、絶望の淵に深く沈みこむこともあったであろう。

不思議な明るさというのは、彼らが残した仕事ぶりを見たときに、私が受ける印象である。中世にピリオドを打った信長の透明な近代的感覚、野卑ともいえる円空仏の逞しさ、幕末の政治的混乱を超越した龍馬の未来志向、哀調をおびながらも救いへの確信が伝わってくる賢治童話、行き詰まるたびに新しいアイデアを生みだした幸之助の経営法、いずれも不思議な光明を漂わせている。

その明るさは、第一章で触れた〈縄文的明るさ〉に通じるものではなかろうか。縄文人のみならず、いつの時代でも〈野性〉を生きる人たちは、野火のように生命の炎をメラメラと大きく舞い上がらせている。その炎には勢いがあり、色も赤、青、黄、白など多彩である。それが生命の本来あるべき姿なのであり、それがゆえにこそ強烈な個性が誕生してくるのである。

ところが、知らぬ間に文明に馴らされ、〈野性〉を衰弱させてしまった現代人の生命力は、まるで団地に運び込まれるプロパンガスの炎のように、色も形も、そして大きさまでもが同じであるだけでなく、勢いまで失ってしまった。いまどきは舗装された道路ばかりで、たき火すら出来なくなっているが、同様に、諸制度が整い、価値観の画一化が進行する社会では、生命の炎を燃やしにくいのである。社会常識の枠をはみ出せば、勇気ある人という称賛を受ける前に、変人のレッテルを貼られる可能性のほうが高い。

歴史を逆行することはできないが、われわれの誰もが例外なく持っているはずの〈野性〉に磨きをかけ、もう一度日本列島に〈縄文的明るさ〉を復活させたいものである。多かれ少なかれ縄文人の血を受け継いでいる日本人には、それが到達不可能な目標であるとは思えない。

長引く不景気や、退廃的な社会現象を前にして、ともすれば悲観論に覆われてしまいがちな現代にほんとうに必要なのは、景気対策でも財政再建策でもなく、国民の一人ひとりが骨太の生命感覚を取り戻すことではなかろうか。そこにこそ、いかなる困難をも克服する活力が生まれてくるはずである。

## 〈ゆとり〉教育よりも〈野性〉教育を

ところが、骨太の生命感覚を養うのと、まったく反対方向に突き進んでいるのが、日本の偏差値重視の教育である。大学受験を教育の最終ゴールとみなす風潮はやみがたく、塾や通信教育に躍起になっている親や教師にとっては、子供の生命感覚を養うなどと、ほとんど寝言に近いだろう。しかし、詰め込み教育の弊害は早くから指摘され、最近では授業時間を削減し、学習内容も現在より易しいものにする〈ゆとり〉教育への方向転換がいよいよ始動することになった。

学校の先生たちも、少しでも教育改善を実現するために、それぞれに一生懸命になっているると思われるが、授業だけでなく、課外活動の指導や学校業務など、日々のノルマをこなすのに手いっぱいなのが現状である。大勢の教え子たちに正面から向かい合う時間など、よほど努力しなければ、もつことができないと思われる。

日本というのはまことに不思議な国で、大人から子どもまで、誰もが何かしらセカセカとせわしく暮らさざるを得ないようにできている。勉強とコンピューターゲームに追われるだけの子供たちは、学校の先生だけでなく、親兄弟や友だちとも、人間的な心の交流経験をもたないまま、いよいよ自分の世界に閉じこもっていく。青少年問題の起点が、ここにあるといってよい。

とくに最近になって、青少年による凶悪犯罪は増える一方であり、十代の少年による意味なき殺人が白昼堂々と、ごく平和な住宅地で起きるようになってしまった。凶悪犯罪にまで至らなくとも、暴走族になったり、麻薬に蝕まれている若者は、喧騒の都会だけでなく、のんびりとした地方にも数多くいる。

さらに子どもたちの家庭内暴力、イジメ、不登校、ひきこもりなどの問題で、深刻に悩んでいる親や教師は無数にいる。また登校はしても、まったく集中力を欠くため、通常のクラスには入れない注意欠損多動症の生徒が一人もいない学校があれば、それは奇跡に近い。

それほどあらゆる心身症的現象が、まるで怒り狂った嵐のように日本中の若者の心に襲いかかっているのである。そのような状況を目前にして、しばし途方に暮れざるを得ないのだが、それでも未来への望みを捨てず、より人間的な教育を創造していく責任が、われわれ大人にはある。

しかし、この情報過剰の時代には、教育の役割も以前とは大きく変わらざるを得ない。すでに感覚的なものといえば、ゲーム感覚しかもたなくなっている若者に、身体性から切り離された知識を詰め込むことは、危険でさえある。だからこそ今必要なのは、彼らの〈野性〉的生命感覚を回復し、彼らがより人間らしく生きていけるよう応援することではなかろうか。そうでなければ、情緒の発育が止まったような脳化人間が、教育現場から大量生産されることになるのは必至である。

たとえば、高速バス乗っ取り事件で殺人まで犯してしまった少年に対して、精神科医は「解離性障害」という診断を下している。それは自分が自分であると思えない感情が持続する症状であるが、そのような感情に襲われた少年たちは、希薄になる一方の自分の存在感を、もう一度手ごたえのあるものとして再確認するために、みずからの肉体を傷つけたり、他者に対する凶行に走ったりするとされている。

しかも、この「解離性障害」は若者のあいだに急速に広がりつつあるとされている。その原因は、家庭や学校での教育の在り方だけにあるのではなく、文明の在り方そのものにかかわっている。つまり〈理性知〉のみを偏重するうちに、心と体をすっかり分離させてしまった現代文明が、いつかは直面せざるを得なかった根源的問題にほかならない。そして、その文明病の最初の犠牲者となるのが感受性の鋭い若者たちなのである。

## 心と体の距離を埋める

このような状況にあるからこそ、なるべく心と体の距離を埋め、一体化させていくようなカリキュラムを学校教育にどんどん取り入れていくべきだと思う。いってみれば教育における肉体主義の実践である。もちろんそれは、単に体育の時間を増やせばよいといった性格のものではないことは、いうまでもない。先生がホイッスルを吹いて、子どもたちに集団行動をさせる体育というのは、私にいわせれば、いちばん非〈野性〉的教育方法である。

それよりも、もっと学校の外に出て、自然と交感したり、社会のさまざまな現場で汗水垂らしながら働いている人たちに触れたりすることが、生きた学習となる。道徳は教室の中で道徳の教科書を読んだり、教師のお説教を聞いたりすることによって身につくのではない。動植物の神秘的な生態に驚いたり、逆境の中で懸命に生きる人間に共感を覚えたりすることから、道徳は芽生えてくる。いのちの感覚をカラダ全体に記憶させること、それが教育の出発点ではなかろうか。

また新しい知識を獲得することの喜びを教える一方で、たまたま理科や算数や国語ができなくても、人間として生き甲斐を見いだす道が幾つもあるのだという至極明解な真実を子どもたちに伝える責任が、大人にはある。人間が不幸に陥るシナリオもいくつもあるが、幸福に至るシナリオも、それ以上にたくさんあるのだというメッセージを教育のテーゼとしなくてはならない。

〈野性〉教育の具体方法については、個々の地域の特色を活かせばよいのであって、文部科学省や教育委員会が号令をかけて、全国の学校に画一的な指導要領を押し付けるやり方は、まったく時代に逆行している。各学校が千差万別に特徴を発揮すること自体が、多様な価値観の教育になるからである。

近くに農家があれば農作業の手伝いをしてもいいいし、福祉施設があれば、なんらかのボランティア活動をしてもいい。そういう生きた授業をいちばん喜ぶのは、検定教科書に退屈しきっている子どもたち自身であろう。そのような教育方法こそを、私は〈野性〉教育と呼びたい。

ボランティア活動を学校教育の中に義務づけるかどうかの議論があるが、私はまず修学旅行などを利用して、短期間でもいいから、日本の若者に海外で簡単なボランティア活動に携わってほしいと思っている。血気盛んな若者が、観光地の訪問やみやげ物の買い物だけに時間を費やすことは、いかにも非生産的である。そのような時間をいくらかでも割いて、異人種、異文化の人々の生活現場に入っていけば、感受性豊かな彼らがごく自然に学びとってしまうことは、きっと山ほどあるだろう。

とくにモノ作りを通じて思索することを得意とする国民性を活かして、子どもたちにもそのような機会を与えれば、教育的効果が上がるように思われる。明治以来、つねに欧米の教育を手本にしてきた日本の学校制度だが、このへんで日本人の背丈にあった教育内容を編み出すという意味でも、モノ作り教育というのは、有意義なことだと思う。

大事なことは、モノ作りのモノを何にするかは、個々の生徒の自主判断にまかせ、学校側が下手な口出しをしないことである。必ずしも図画工作だけがモノ作りではなく、野菜や花を育てたり、動物を飼育したり、音楽を演奏したり、料理を作ったり、子どもたちがそれぞれにマチマチのことをするところに意味があると思う。具体的には土曜日は教科書を開くことのないモノ作りの日とし、子どもたちがモノを作ることの喜びを体験する登校日となれば、素晴らしいことだ。

グローバル社会に生きていかなくてはならない若い世代に、日本の未来を託そうと思うなら、従来の管理教育はすみやかに廃止しなくてはいけない。もちろんそのことによって、学校間の格差が広がるだろうが、より魅力ある教育を創造していくためには、現場の教師が少しでもやる気を起し、彼らが〈野性〉的思考力を働かせやすい環境を提供することが不可欠となる。そのような動きにブレーキをかけ、前世紀的な権威主義を維持しようとするなら、文部科学省や教育委員会は一日も早く解体されるべきだろう。

## 共鳴する能力を養う

〈野性〉教育の効果は、若くて感受性の鋭いうちに、本来、誰でもが肉体にそなえている他者と共鳴する能力を養うことにある。コンピューターのモニターと睨みあう時間がやたらと増えたわれわれ現代人の生活だが、そのような行動パターンを繰り返しているうちに、自分のすぐ近くに存在する自然や人間とも、生命体として共鳴しあう能力を喪失してゆく。それが無自覚に進行していくわけだから、初期のガンに似ている。だから気づいたときには、もはや手遅れということだってあるのだ。

それでなくても、核家族化や分業化が浸透している現代社会では、人と人との血の通った繋がりが持ちにくい上に、生活のテンポがきわめて速く、いちいち他人のことまで気にしていては、自分だけが取り残されてしまうのではないか、という焦燥感がわれわれの心に付きまとっている。

そういうせち辛い世情にあって、人間的な温もりを感傷的に懐かしんでいるだけではダメなのである。無機的な情報技術の独走によって、有機的な生物的関係がズタズタに切り裂かれるまえに、もう一度、お互いに生身の人間として、なすべきをなしておかなくてはならない。私が本書の中で、肉体主義、環境・肉体・思想の三位一体説、〈野性〉教育論などをぶちあげるのも、ひとえに生命体ほんらいの共鳴能力を回復したいと考えるからだ。

とくに共鳴というものは、二者ではなく、三者の間に生じたときに、最も大きな効果が生まれると思われる。その三者とは、家庭では父と母と子どもたち、学校では教師と生徒と保護者、病院では医者と看護婦と患者、経済では生産者と流通業者と消費者といったようなものである。三者のうち、一者もしくは二者だけが悦に入っていても、三者目が非常に惨めな思いをしていることは、よくある話でる。そして、この三者の間には、とかくヒエラルキーが介入して、自由なコミュニケーションが成立しにくい。下手をすると、利害関係や敵対関係すら発生しかねないのである。私が共鳴する能力を重視するのは、まさにそういう現実を目の当たりにしているからだ。

現に社員が同じ地平に立って、響きあうような関係を作っている企業は、不況にも強いはずである。それは役員、平社員の区別がないということではなく、それぞれがやりがいのある仕事に取り組むことによって、不思議な共鳴音を自然発生させている職場のことである。

箇条書きの道徳などクソ喰らえと思っている非マジメな筆者であるが、しっかりとした〈野性〉的生命感覚を基盤とする人間同士の共鳴の中から生まれてくる道徳なら、大いに歓迎したい。人間が人間を理解するということは、相手が置かれている立場を理論的に理解することでも、感情的に同情することでもなく、まさに肉体的に共鳴しあうことではなかろうか。

## 〈異端者〉にチャンスを

〈野性〉教育論を唱える私も、じつはエリート教育に反対しているわけではなく、むしろ国際的に通用する、知性のまぶしい輝きを備えたエリートを育てる高等学術研究機関が、日本に幾つも登場してくることを切望している。現在、一流校と目されている有名国立大学や私立大学も、教授陣と学生の双方において格段の質的向上を図り、世界の一流大学と肩をならべ得るレベルにもっていくべきだ。

話が私事にわたって恐縮だが、私が最近、十数年にわたる海外生活を終えて、日本の国立大学に収まることになったとき、大きなショックを受けたことがある。それは規定により、海外の大学で取得した学位や教壇に立っていた経歴は、そのまま年俸査定対象にならないと言われたことである。本人が取得している学位や、研究業績としての出版物の数、あるいは学生による講義評価点によって、年俸が大きく変わり得る米国やシンガポールの大学に籍をおいていた私は、そのようなきわめて日本的な事情を聞いて、思わずわが耳を疑ってしまった。

日本の国立大学を卒業し、そこで助手から始まって教授職に到達するまでガマンにガマンを重ね、教員としての在籍期間をひたすら長く引き伸ばした者が、高い報酬を得るシステムになっているのである。研究や教育の実質的中味は問われないわけである。私も人並に博士号というものをもっているが、外国の大学でずいぶん苦労してそれを手に入れたわりには、普通運転免許証のほうが、よほど私の人生に貢献してくれているというのが、実情である。

これだけ「国際化」とか「大学改革」とかやかましく騒がれているのだから、とっくに「象牙の塔」的発想など死滅していると思っていたのに、実際にはこのような閉鎖的かつ非生産的な規定を残している日本とは、いったいどういう国なのかと、憤りを通り越して、不安になってしまった。

戦後日本では悪しき平等主義がはびこって、伸びる可能性のある才能をも、ひと並びに押さえつけるような教育システムを作りあげた。それも国民全体の識字率を高めるという意味では、たいへん効果的であったが、これからの国際競争社会では、横並び教育は国家の発展に足かせをはめるようなものである。発想のオリジナリティーをもつ新しい知性を生みだすためには、今までの常識をかなぐり捨てるぐらいの、教育環境の思いきった整備が必要となる。

しかしそれと同時に、学歴など一切なくても豊かな個性をもった若者が、未来に向けて希望を抱ける社会を作っていくことも非常に大切である。そのためには、一流大学を出た者だけが管理職につくというような時代遅れのレールは早急に撤廃しなくてはならない。賢明な企業は、もうすでにそういうことを実践していると思われるが、優れたリーダーシップを発揮するのは、学校の成績が良い秀才ではなく、人の心をつかむことのできる〈野性〉的人間像なのである。

本書で触れた五人の〈野性〉人は、いずれも社会の主流に属さず、自分の道を切り開いたという意味で〈異端者〉であったが、非常に魅力のある仕事をこの世に残した。彼らの中には、生前、充分な評価を受けることがなかった人たちも含まれているが、歴史は正直であり、結局は高い評価を受けるようになっている。

これからの日本にも彼らのような創造的〈野性〉を備えた人材が輩出されることを祈るが、われわれに課せられた責任は、時勢に合わないという理由で〈異端者〉を排除せず、彼らの天分を開花させるだけの、ゆとりのある社会を作っていくことである。能力と情熱さえあれば、誰でも存分に活躍できる場所が確保されているか否かが、二十一世紀日本の命運を決めることになるだろう。

## 血を混ぜることの大切さ

ところで日本社会でいちばん〈異端者〉扱いされているのは、外国人である。ここ数年、日本に住む外国人の人口も急増しているが、彼らが日本人と物心両面にわたって融合しているかといえば、そんなことはない。まだまだ社会のマージナルな位置に押しやられている。

不法入国して犯罪を繰り返すような外国人を歓迎するわけにはいかないが、知識も技術も意欲もある外国人までも追い返すような愚を犯してはならない。彼らこそ、型にはまりがちな日本社会に風穴をあけ、新しい考え方を持ち込んでくれるかもしれないのである。現に一度は経営に行き詰まった企業が、外国人取締役を迎えることによって、短期間に業績を好転させたりしているのである。ビジネスの世界だけでなく、あらゆる分野において人材の活性化を図るためには、日本人と外国人が対等に働ける開放的な職場作りが急がれる。〈野性〉的人間像は、雑居社会にこそ似合うのである。

また日本人の英語能力の低さには定評があるが、毎日、職場で外国人と顔を合わせることになれば、いやが応でも英語が身に付いてくるのにちがいない。私の個人的体験に照らし合わせて発言するのだが、英語は英会話教室で覚えるものと思っているのは、ひどい錯覚である。肉体主義者の私としては、英語を覚えるのも、アタマではなく、カラダであると言明しておきたい。そのへんの体験談は、拙著『文明の衝突を生きる——グローバリズムへの警鐘』（法蔵館）に譲る。

また血筋にこだわって、同族間の結婚を繰り返しておれば、遺伝学的にも深刻な問題が生じてくることは常識であるが、それと同じことが国家的なスケールでも起きることは必然である。とくに日本のように均質社会といわれている場所では、異人種と積極的に融合していくことが、何より大切である。いまだに自分たちの息子や娘が選んだ婚約者が外国人であるという理由だけで、結婚に反対する親がいると聞くが、それはとんでもないアナクロニズムである。たしかに国際結婚が、同国人同士の結婚以上に、生活習慣や価値観の相違、あるいはコミュニケーションの問題など、いくつもの困難を抱えることは想像に難くない。それでもあえて国際結婚の道を選ぶ若いカップルには、政府が特別報償金を出してもいいぐらいである。

そのような極論めいた主張をするのは、日本古代史を研究テーマのひとつとしている私が、かねてから日本「人種のるつぼ」説を唱えているからである。縄文時代から、日本列島には東西南北、あらゆる方向から多人種が渡来してきているのであり、彼らが長い時間をかけて混血して、日本人の祖型ができあがったのである。「万世一系」の天皇家を中心とした大和民族というのは、律令国家成立後、権力者によってでっち上げられた幻想と思ってよい。

日本人が中国文明の恩恵を深く受けながら、こんなに個性のある多様性の文化を創りあげることができたのも、幸いにもわれわれが血統書つき民族ではなく、雑種民族であったからだ。このことを日本人は大いに誇りとしなくてはならない。それが大和朝廷以来、奇妙な幻想にとりつかれ、ましてや徳川幕府の鎖国政策によって、生物学的孤立に拍車がかけられたため、われわれ日本人の血はだいぶ濃くなってしまっている。ちょっと大げさかもしれないが、これぞ国家存亡の危機なのである。

それだけでなく少子化と高齢化の挟み撃ちで、近い将来、深刻な労働力不足を迎えることは明らかなのだから、今のうちに大いに門戸を開放し、出身国籍にかかわらず、勤労意欲のある人間なら誰もが安全で快適な暮しをできる社会体制づくりに一刻も早く取り組まなくてはならない。

## 〈野性〉的女性待望論

閉鎖的な日本社会で〈異端者〉扱いされているのは、外国人だけではない。能力あるがゆえに社会の第一線で活躍しようとする「男まさり」の女性もまた、異端視されるのである。

歴史を遡って話をすれば、縄文時代では男性は主として狩猟と漁撈に携わっていたから、前にも触れた土偶や火焔土器を制作したのは女性たちであった。あれだけの迫力のあるモノを作り得た縄文女性の旺盛な〈野性〉的生命感覚たるや推して知るべしである。

原初の日本における女性の存在の大きさを考えるとき、私はどうしてもこれからの日本に、〈野性〉的女性が出現してくることを期待してしまうのである。日本は「母原病」という言葉が存在するほど、心理学的には女性原理が圧倒的に大きな場所を占めているにもかかわらず、まだまだ社会的には男性優位構造を墨守している。何事にせよ実態と制度の矛盾は、決して生産的ではない。

国民の象徴たる天皇や、一国の宰相がつねに男性であらねばならないという合理的理由は何もない。日本の全人口にしめる女性の数は男性のそれより大きいという事実だけでも、女性がトップの座にすわる資格は充分ある。日本の歴史で女性が舞台の袖に控える存在となったのは、封建制度成立以降のことであり、それまでは卑弥呼に始まり、数々の逞しい女性がこの国の采配を振るってきたのである。

日本がひとつの大きな脱皮をとげるためには、新鮮な感覚と大胆な発想をかねそなえた〈野性〉的女性が、もっと第一線に登場してこなくてはならない。しかし、与党が野党に政権を譲るのを嫌がり、必死になって抵抗するのと同様に、男性にしてみれば女性に権威ある立場を譲りたくはない。それは人間心理として当然のことである。したがって、それを奪い取ろうと思えば、女性がみずから努力するより仕方ない。今までのように男性の甘えを無意味に許容したり、あるいはナヨナヨと媚びを売るようなことは沙汰止みにすべきだろう。

あまりに物分かりのいい口を利いて、女性読者の歓心を買おうとしていると誤解されては困るので言っておくが、男性とわけもなく敵対したがる女性、独断と偏見に満ちた意固地な女性、勝手な思い込みですぐヒステリックに騒ぎ立てる女性、どこにでもしゃしゃり出てくる計算高い女性などには、正直いって私もほとほとうんざりしている。もし神様が許してくださるなら、できるだけその類いの女性とは関わりをもたずに、残りの人生を静かに終えたいと願っている。

もちろん、ここに挙げた鼻持ちならぬ性格は、じつはなにも女性に限ったことではなく、われわれ男性も等しく持ち合わせている。私自身を筆頭に、人間とはなかなか救いがたい生き物だと思うのだが、その愚かしい人間世界にあって、人をほんとうに魅力的にするのは、人間理解の深さではなかろうか。

容姿を整えることも大切にはちがいないが、これからの女性には教養と直感力を武器にして、〈野性〉美に輝いてほしいと思う。そしてそれは、必ずしもキャリアウーマンになることを意味しない。専業主婦の道を選択する女性も、子育てや趣味を通じて、〈野性〉を家庭的に開花させる方法があるはずである。女性に対して目にあまる身勝手さを当然のように行使する男性は、年齢にかかわらず、いまだに多いが、ああいう男性を作った責任は、父親よりも母親のほうにあるのではないだろうか。よきにつけ悪しきにつけ、女性に対するイメージを最初に埋め込むのは、母親だからである。

井戸端会議を開いて、他人のゴシップにうつつを抜かす暇があれば、ボランティアとして地域社会に貢献したほうが、よほど健康的でもある。女性の〈野性〉度が高まれば、必然的にそれに対応する男性の〈野性〉も高まらざるを得ない。母系制社会の日本をリードするのは、やはり女性である。

私が女性に〈野性〉を獲得することを期待する理由は、じつはもっと深いところにある。

かつてマハトマ・ガンディーは、インド独立運動の中で、植民地支配を続けようとするイギリスの軍事力を「男性の暴力」と見なし、それに対してみずからは無抵抗主義という「女性の非暴力」で臨むとした。そのような決意を表明した彼は、妻との性行為も断ち、菜食主義に徹し、自分の身体を生理的にもなるべく女性に近づけようとした。自給自足運動を提唱した彼が、糸をつむぐために、みずから糸車を繰ったこともよく知られているが、そのような瞑想的な時間をもつことによって、彼は女性的な静かさを身に付けようとしたのである。

それもまた彼のいう「性の乗り越え」への試みの一つだと思うが、近代史における最も〈野性〉的指導者の一人であったガンディーが、このように自分の肉体を通じた独立運動を展開したことを、ここで強調しておきたい。

今まで人類の歴史には、宗教や民族的対立の闘争が絶えたことがない。そしてそのような闘争のイニシアチブをとるのは、たいてい男性である。いつの時代にも闘争本能を捨てることができないのが、われわれ男性のさがかもしれない。地球上に少しでも争いが減り、平和がもたらされるためには、正直なところ男性の〈野性〉よりも、女性のそれのほうが、これからのグローバル社会に貢献する度合いが高いような気がしてならない。

## 自分らしさとは、どこにあるのか

現代は個性尊重の時代といわれながら、実際には男も女もなかなか個性を発揮しにくい社会である。ファッションだけは、ひと昔まえと比べれば、ずいぶん多彩になってきたが、モノの考え方や行動様式までが個性的になったかといえば、どうも疑わしい。だいたい個性という言葉自体が、あいまいな代物であり、どこに自分らしさを見出していくのかと、あらたまって考えてみると、そう簡単に答えがでてくるものではない。

そこで提起するのだが、自分らしさを見つけたければ、まず自分の肉体のことを考えてみるべきだ。他人と異なるのは人相や指紋だけでなく、身長や体重、足の大きさ、髪の毛の色や質も微妙に異なる。だからこそ警察は姿なき犯人でも捕まえることができるのである。もっと詳しく見ていけば、血液型、血圧、心拍数、体脂肪率、コレステロール値、尿酸値、おまけに知能指数までが他人と異なるのである。

ということは、何を考え、何を行うかという問いかけ以前に、われわれは充分に「自分らしさ」を肉体の中に獲得しているのである。あとはこの肉体の声なき声に素直に耳を傾ければ、自分に最もふさわしい生き方が見えてくるはずである。

たとえば私の場合、足は遅いが、高いところに登るのは一向に平気である。スキーもゴルフもできないが、馬なら乗れる。お茶のお点前はできないが、三点倒立ならいくらでもできる。チーズにブランデーよりも、シシャモに焼酎のほうが口にあう。カラオケは大の苦手だが、お経をあげるのは得意である。中学校以来の友人は白髪まじりのハゲ頭だが、女性にもてる上に懐具合がいつもよい。私はいまだに頭髪が黒々としているのが自慢なのだが、なぜか女性にもてず、懐具合が寂しい。女性にはもてなくても、犬ならメスでもオスでも、すぐになついてくる。

考えてみれば、どれもこれも自分らしさの一部である。個性尊重の時代などと大仰に騒ぎたてなくても、私が私であるだけで、すでに完ぺきに個性的なのだ。それを個性的でない人間にしているのは、自分が自分の〈野性〉にそぐわない、不自然な生き方をしているからである。自分の心に素直であることは、なかなか難しいが、塞き止められていた自然な感情が流れ出すきっかけを作ってやるには、肉体の緊張を解きほぐすのが一番よいのではなかろうか。私が肉体主義を推奨するのも、じつはこのような深い事情があるわけである。

自分が自分であるだけで充分に個性的であるという論理をもう少し演繹すれば、自分が自分であるだけで充分に癒されているのだ。昨今は癒しブームだが、ナントカセラピーを通じて、外から癒されるのではなく、自分がほんとうに自分であり得たとき、おのずから癒されるのであり、そこに生きる喜びが湧いてくるように思う。

それともう一つ大事なことは、自分だけの物語をもつことである。親に早死にされた、大学受験に失敗した、女房に逃げられた、商売に失敗した等々、ともすると人生のマイナス要因と思われがちな出来事が、じつは自分だけの物語を作ってくれている貴重な財産である。われわれ一人ひとりが誰にも真似のできない物語を綴りながら生きているのであり、その事実こそ大切にすべきだと思う。資産にしろ、社会的地位にしろ、いずれはわれわれの手を離れていくが、自分物語だけは、誰にも奪われることがない究極の宝である。つまり個性とは、物語性の強い人生を苦労しながら歩んでいる人に、神様から与えられる大きなご褒美なのである。

## 張りのある社会を創る

精神的に充足感のある人生を送るためには、自分の〈野性〉に忠実なライフスタイルが確立されているだけでなく、日々の生活において緊張と弛緩とのバランスがとれていなくてはならない。ただリラックスしただけの暮らしぶりが、幸せな生活とはかぎらないのである。

それと同じことが社会全体についてもいえるのであって、もし人間社会に一本の見えない糸が渡されているとしたら、そこに住む人々が「張りあい」のある生活を営んでいくためには、その糸は緊張しすぎていても、反対に緩みすぎていてもいけないように思う。

長い歴史の中では、社会も緊張と弛緩を交互に繰り返しているのだろうが、どうも平成日本の「糸」は、いささかだらしなく垂れ下がっているようだ。それは平和である証拠だが、そのような時代にこそ、個人レベルで私生活にうまく「張りあい」をもたせていく工夫が必要である。

あまりに長くぬるま湯的な状況に浸りすぎると、人間の中の自然としての〈野性〉が萎えて、個の力が弱まり、そのスキに全体主義のような動きが生じてくるから、要注意である。平和なときこそ、〈野性〉の回復が重要となる理由がそこにある。

ごく一般論をいえば、日本人は勤勉であり、礼儀正しい。国民全体の教育水準も高いし、その経済力は世界有数のものとなっている。そのような日本人が、もう少し腹の坐った生き方をし、本来もてるところの〈野性〉を回復することができたなら、果たしてどうなるであろうか。

まず、日本の国際社会における役割に、大きな改善が見られるだろう。二十世紀においいて、日本は欧米を手本とした急激な近代化推進に始まり、歪んだ国家主義による戦争突入と敗戦、戦後の民主化と経済復興、米国との協調と依存など、風見鶏のようにクルクルとその方向を変えてきた。

そのような日本の姿勢に一貫した理念や気概を感じている国は、少ない。おかげで国連や開発途上国に、巨額の援助資金を捻出し続けても、小切手外交と揶揄されるばかりで、日本が諸外国から相応の敬意を受けているようには見えない。そのような立場に甘んじず、日本はそろそろ真に独立した国家として、成熟した政治姿勢を見せるべき時期に来ている。

そのためには、国民一人ひとりが、しっかりとした自我を確立し、自分の生活と国の在り方について、明確な展望を獲得しなくてはならない。自立しない国民が、自立した政府を生みだすことは、まずあり得ない。

世界には、政治的あるいは、宗教的イデオロギーの対立が原因で、戦闘状態にある国や地域が多く存在する。そのため無数の一般市民が、傷つき、飢え苦しんでいる。それは当事国間の問題である以上に、人類の不幸である。二十世紀は、超越的一神教文化を背景とする欧米先進国が主導権を握ってきたが、その原理主義的な体質ゆえに、勇敢に紛争解決に立ち上がりながら、かえって対立を煽ぎたてることになったケースが多い。

かといって、日本のような多神教文化を母体としている国が、より平和的であるかといえば、残念ながら決してそう単純な話ではない。原理原則が希薄な述語的世界に、反動的に極めて原理主義的な主語的論理がまかり通る危険がある。心理学者河合隼雄がいう中空構造の真ん中の部分には、いつだって魔物が入り込んでくる危うさがつきまとっている。先の大戦中の国粋主義や軍国主義がその典型である。

しかし、やはり文化の基本的体質としては、対立よりも協調を重んずる国である。そのような特徴を活かして、困窮する紛争の地に、いくらかでも解決の糸口が見出せるように、日本はもっと国際外交の表舞台でイニシアチブを発揮すべきだろう。そこに国の気概というものが、生まれてくるはずである。

現代の若者がやり場のない空しさを感じているのは、家庭や学校のせいだけではない。そこに棲息する社会的動物である人間にとって、一種の自然環境ともいえる国家そのものに適度な緊張感がなければ、なかなか生き甲斐を見出しにくい。私の持論である環境・肉体・思想の三位一体説に照らし合わせてみても、そういう見方ができる。日本という国が、ある程度のリスクをかかえることになっても、人類の福祉に積極的に貢献するという方向性をもてば、それだけで大きな教育的効果があるにちがいない。

もちろん、日本という小さな国ができることに限界はあるが、もはや西側諸国の顔色を見て動くのではなく、もっと主体的に進むべき道を切り開いていくべきである。そして、そのような「二十一世紀の奇跡」を可能にするのは、やはり国民一人ひとりの逞しい〈野性〉なのである。

# あとがき

本書を書き終えて、私には一つの痛みをともなった反省がある。それは野性を語る自分に健康人としての甘えとおごりがあるのではないかということである。

私は日本に戻って以来、東京郊外のある病院にボランティアとして、週に一度だけ、通っている。そこに入院されているのは、国指定の難病にかかった患者さんたちが大半である。私の仕事は、その方たちのお話相手になったり、食事の介護をしたりすることぐらいで、何も特別なことをしているわけではない。

その患者さんたちの中には、自分で寝返りすら打てない状況で、何年もベッドで寝たきりの人たちもいる。読書する体力もなく、窓の外の景色を見る気力もない。おまけに言葉を発することができず、目の動きだけを文字盤の上に追って、意思を確認しなくてはならない人もいる。

ある三十過ぎの若い男性は、十代後半から全身のマヒが進む一方で、もはや自力では何もできなくなってしまっている。彼はもっと勉強もしてみたい、恋愛もしてみたいと、つねづね私に語っていたのである。その彼が、「町田さん、人生には山あり谷ありといわれてるけど、私の場合、ずっと谷底に突き落とされたままなんですね」とつぶやいたことがあった。私は返答に窮してしまった。

働き盛りのサラリーマンや子育て真っ最中の主婦でも、突然発病し、入院してこられる人たちがいる。今にでも職場や家族のもとに飛び出していきたい衝動を抱えながら、もはや身動きがとれなくなった肉体をベッドに沈めざるを得ない悔しさ。そういうものが、ボランティアの私にも痛いほど伝わってくる。たしかな治療法もわからないまま、やがて亡くなっていかれる患者さんもおられる。

そのような惨《むご》いほどの現実を刻々と生きておられる患者さんを前にして、私は何を言っていいのか分からない。そういう難病にかかられる方は、みずからの不養生のためというよりは、たいていは遺伝やその他の不可抗力の原因で患っておられるのである。昔の坊さんなら、宿世の因縁云々と説教したのかもしれないが、私にはとうていそんな非情の言葉は吐けない。せめてできることといえば、なんのお役にも立てないにしても、しばしベッドのかたわらにいて、お話を聞いてさしあげることぐらいである。

と同時に、自分の足で歩き、自分の口で物を食べ、言葉を語ることができるだけの健康を、たまたまもち合わせているこの肉体を無駄にしてはいけないという、自分に対する戒めを強く感じる。自分に才能がない、運が向いていないなどと愚痴をこぼすのは、甘え以外の何ものでもない。まことに不完全な愚か者の自分であっても、命あるかぎり、できることはいくつもあるはずである。

日本の社会が経済的に行き詰まっている、倫理的に荒廃している、などと悲嘆の声は多く聞かれるが、国民一人ひとりが、与えられている生命を厳粛に受けとめ、そのかけがえのない生命を精いっぱい他者のために活かしていこうと覚悟すれば、私たちは、もっと大胆に、もっと勇気をもって現状に挑戦できるのではなかろうか。それだけでなく、人に対しても、もっと謙虚に優しく生きていけるはずである。

本書を通じて、あれこれと詮索してきた「野性の哲学」も、つまるところ、自他を貫き通す生命への慈しみの情に始まり、そしてそこに帰結していくのである。

二〇〇一年五月

町田宗鳳

ちくま新書
303


「野性」の哲学
――生きぬく力を取り戻す

二〇〇一年七月二〇日　第一刷発行

著者　町田宗鳳（まちだ・そうほう）

発行者　菊池明郎

発行所　株式会社 筑摩書房
東京都台東区蔵前二-五-三　郵便番号一一一-八七五五
振替〇〇一六〇-八-四一二三

装幀者　間村俊一

印刷・製本　三松堂印刷 株式会社

ちくま新書の定価はカバーに表示してあります。
ご注文・お問い合わせ、落丁本・乱丁本の交換は左記宛へ。
さいたま市櫛引町二-六〇四　筑摩書房サービスセンター
郵便番号三三一-八五〇七
電話〇四八-六五一-〇〇五三



ISBN4-480-05903-2 C0210

# ちくま新書

117 **大人への条件** 小浜逸郎

子どもから大人への境目が曖昧な今、人はどのように成長の自覚を自らの内に刻んでいくのだろうか。自分はなにものかを問い続けるすべての人におくる新・成長論。

159 **哲学の道場** 中島義道

やさしい解説書には何のリアリティもない。原書はわからない。でも切実に哲学したい。死の不条理への問いから出発した著者が、哲学の真髄を体験から明かす入門書。

247 **こういう男になりたい** 勢古浩爾

父はリストラに怯え、息子はいじめで不登校。のきなみ男に元気がない。この男受難の時代に「男」である意味を洗い直し、「男らしさ」を再提示する渾身の一冊。

250 **無節操な日本人** 中山治

自民党と社会党の連立や女子高生の「援助交際」など、日本人のこの無節操ぶりはどこからくるのだろうか？日本人の情緒原理を分析・批判し、認知療法を試みる。

267 **人間はなぜ非人間的になれるのか** 塚原史

主体性をもつ「人間」という発明品は、近代社会を成立させるやいなや、無意識で無意味な存在へと劇的な変貌を遂げた。壮大なスケールで描く「非人間」化の歴史。

269 **日本の「哲学」を読み解く** ――「無」の時代を生きぬくために 田中久文

日本に本当に独創的な哲学はあるのか？「無」の哲学を生みだした西田幾多郎・和辻哲郎・九鬼周造・三木清らをわかりやすく解説し、現代をいきぬく知恵を探る。

283 **世界を肯定する哲学** 保坂和志

思考することの限界を実感することで、逆説的に〈世界〉があることのリアリティが生まれる。特異な作風の小説家によって、問いつづけられた「存在とは何か」。